U0121978

四庫存目

青囊匯刊

陽宅十書

③

[明]王君荣◎撰　郑同◎校

華齡出版社

责任编辑：薛　治

责任印制：李未圻

图书在版编目（CIP）数据

四库存目青囊汇刊. 3 /（明）王君荣撰；郑同校. —北京：华龄出版社，
2017.4

ISBN 978-7-5169-0960-7

Ⅰ. ①四… Ⅱ. ①王… ②郑… Ⅲ. ①《四库全书》—图书目录
Ⅳ. ①Z833

中国版本图书馆 CIP 数据核字（2017）第 064789 号

书　　　名：四库存目青囊汇刊（三）：阳宅十书

作　　　者：（明）王君荣撰　郑同校

出 版 人：胡福君

出版发行：华龄出版社

地　　　址：北京市东城区安定门外大街甲 57 号　　邮　　编：100011

电　　　话：(010) 58122246　　　　　　传　　真：(010) 84049572

网　　　址：http://www.hualingpress.com

印　　　刷：九洲财鑫印刷有限公司

版　　　次：2017 年 9 月第 1 版　2019 年 12 月第 2 次印刷

开　　　本：720×1020　1/16　　　　　印　　张：15

字　　　数：216 千字　　　　　　　　　印　　数：6001～9000

定　　　价：48.00 元

目　录

阳宅十书卷一 ·· 1

论宅外形第一 ·· 1

八方坑坎歌 ·· 3

何知经 ··· 3

宅忌架桥梁歌 ·· 4

阳宅外形吉凶图说 ···································· 5

论福元第二 ·· 57

福元说 ·· 57

福元入掌纹起例说 ··································· 58

野马跳涧诀 ·· 58

起男女上中下元诀 ··································· 59

三元甲子福德宫定局 ································· 60

东四位宅图说并东四位生人用例 ························ 65

西四位宅图说并西四位生人用例 ························ 72

西四位宅图 ·· 75

阳宅十书卷二 ·· 81

论大游年第三 ·· 81

吉星三 ··· 81

凶星五 ··· 81

兴废年 ··· 81

大游年方位十二宅 ···································· 82

坐北向南离门宅 ····································· 82

坐北向南巽门宅 ····································· 83

坐北向南坤门宅 ····································· 84

坐南向北乾门宅 ……………………………… 85

坐南向北坎门宅 ……………………………… 86

坐南向北艮门宅 ……………………………… 87

坐东向西坤门宅 ……………………………… 88

坐东向西兑门宅 ……………………………… 89

坐东向西乾门宅 ……………………………… 90

坐西向东震门宅 ……………………………… 91

坐西向东艮门宅 ……………………………… 92

坐西向东巽门宅 ……………………………… 93

图说 ………………………………………… 94

九星祸福诀 ………………………………… 94

摇鞭断宅诀 ………………………………… 94

五鬼制爻 …………………………………… 96

五鬼点头 …………………………………… 97

五鬼穿宫 …………………………………… 97

破军凶煞 …………………………………… 97

九星断宅 …………………………………… 98

九星明断诀 ………………………………… 98

五行生克诀 ……………………………… 100

金入木宫 …………………………………… 100

金入水宫 …………………………………… 100

金入火宫 …………………………………… 100

金入土宫 …………………………………… 101

金入金宫 …………………………………… 101

木入金宫 …………………………………… 101

木入木宫 …………………………………… 101

木入水宫 …………………………………… 102

木入火宫 …………………………………… 102

木入土宫 …………………………………… 102

水入金宫 …………………………………… 102

水入木宫 ………………………………………………………… 103

水入水宫 ………………………………………………………… 103

水入火宫 ………………………………………………………… 103

水入土宫 ………………………………………………………… 103

火入金宫 ………………………………………………………… 104

火入木宫 ………………………………………………………… 104

火入水宫 ………………………………………………………… 104

火入火宫 ………………………………………………………… 105

火入土宫 ………………………………………………………… 105

土入金宫 ………………………………………………………… 105

土入木宫 ………………………………………………………… 105

土入水宫 ………………………………………………………… 106

土入火宫 ………………………………………………………… 106

土入土宫 ………………………………………………………… 106

论穿宫九星第四 …………………………………… 106

附：截路分房说 ……………………………………… 107

穿宫十二宅图 …………………………………………… 108

坐南朝北开乾门图 ……………………………… 108

图说 …………………………………………………………… 108

图说 …………………………………………………………… 109

图说 …………………………………………………………… 110

图说 …………………………………………………………… 111

图说 …………………………………………………………… 112

图说 …………………………………………………………… 113

图说 …………………………………………………………… 114

图说 …………………………………………………………… 115

图说 …………………………………………………………… 116

图说 …………………………………………………………… 117

图说 …………………………………………………………… 118

图说 …………………………………………………………… 119

论元空装卦诀第五 ······················· 120

元空装卦诀 ······························ 120

黄石公竹节赋 ·························· 121

论开门修造门第六 ··················· 124

修门杂忌 ······························ 125

门尺图 ································ 126

门光星起例诀 ······················ 127

门光星吉日定局 ···················· 127

门户歌 ································ 127

用门尺法 ······························ 127

阳宅十书卷三 ······················· 129

论放水第七 ·························· 129

放水歌 ································ 129

九星水法吉凶断例 ·················· 130

贪狼星 ································ 130

巨门星　辅弼 ······················ 130

禄存星 ································ 130

文曲星 ································ 130

廉贞星 ································ 131

武曲星 ································ 131

破军星 ································ 131

阴阳山水法 ·························· 131

阴阳山水歌 ·························· 131

四路水法 ···························· 132

四路水法歌 ·························· 132

黄泉煞诀 ···························· 132

九星来朝 ···························· 132

二十四山放水定局 ·················· 133

阴阳生命说 ························ 134

论宅内形第八 ······················· 135

内形篇 ……………………………………………………………… 135

火俺说 ……………………………………………………………… 137

火俺歌 ……………………………………………………………… 137

火路吉凶歌 ………………………………………………………… 137

阳宅内形吉凶图说 ………………………………………………… 138

论选择第九 …………………………………………………… 159

五神 ………………………………………………………………… 159

命前五神定局 ……………………………………………………… 159

五虎遁诀 …………………………………………………………… 160

九宫建宅 …………………………………………………………… 160

游年变宅 …………………………………………………………… 160

行年建宅 …………………………………………………………… 161

起宅小运例法 ……………………………………………………… 161

起工动土 …………………………………………………………… 162

造地基 ……………………………………………………………… 163

起工破木 …………………………………………………………… 163

定磉扇架 …………………………………………………………… 163

竖柱 ………………………………………………………………… 164

上梁 ………………………………………………………………… 164

盖屋 ………………………………………………………………… 164

泥屋 ………………………………………………………………… 165

六十年生命禄马贵人定局起例 …………………………………… 165

真禄 ………………………………………………………………… 165

驿马 ………………………………………………………………… 165

贵人 ………………………………………………………………… 166

太岁六十年禄马贵人定局 ………………………………………… 171

逐日太阴过宫定局 ………………………………………………… 173

逐月太阳过宫定局 ………………………………………………… 174

阳宅十书卷四 ………………………………………………… 175

论符镇第十 …………………………………………………… 175

黄石公安宅护救符镇法 …………………… 175

五岳镇宅符 …………………………………… 175

镇宅十二年土府神杀 ………………………… 176

镇四方年土禁并退方神符 …………………… 179

镇命元建宅有犯凶神 ………………………… 180

镇行年建宅神符 ……………………………… 182

三教救宅神符 ………………………………… 185

镇多年老宅祸患不止 ………………………… 187

镇八位卦爻反逆 ……………………………… 188

镇年月日时相克 ……………………………… 190

镇分房相克 …………………………………… 191

镇元空装卦未顺 ……………………………… 192

六甲符咒 ………………………………………… 193

修造预镇神符 ………………………………… 194

镇火庵远近布爻不成 ………………………… 198

镇八宅不成卦爻拆改 ………………………… 199

镇宅内移徙出火修造方道 …………………… 200

移徙预镇神符 ………………………………… 202

镇宅内误犯二十四位凶神 …………………… 203

镇外形冲射 …………………………………… 204

镇四邻起土修造误犯我家土府凶神 ………… 205

镇四季误犯土王杀 …………………………… 206

镇穿井不在利方 ……………………………… 207

镇宅中邪气妖鬼作怪 ………………………… 208

镇宅内被人暗埋压镇 ………………………… 210

镇府州县衙门不利 …………………………… 211

镇儒学不利 …………………………………… 212

镇寺观不存僧道 ……………………………… 213

武帝应用灵符 ………………………………… 214

跋阳宅十书后 ………………………………… 222

阳宅十书卷一

论宅外形第一

人之居处，宜以大地山河为主。其来脉气势，最大关系人祸福，最为切要。若大形不善，总内形得法，终不全吉。故论宅外形第一。阳宅来龙原无异，居处须用宽平势。明堂须当容万马，厅堂门庑先立位。东厢西塾及庖厨，庭院楼台园圃地，或从山居或平原，前后有水环抱贵。左右有路亦如然，但遇返跳必须忌。水木金土四星龙，此作住基终吉利。惟有火星甚不宜，只可剪裁作阴地。倘有卓笔及牙旗，耸在外阳方无忌。更须水口收拾紧，不宜太迫成小器。星辰近案明堂宽，案近明堂非窄势。此言住基大局面，别有奇特分等第。

凡宅左有流水谓之青龙，右有长道谓之白虎，前有淤池谓之朱雀，后有丘陵谓之元武，为最贵地。

凡宅东下西高，富贵英豪。前高后下，绝无门户。后高前下，多足牛马。

凡宅不居当冲口处，不居寺庙，不近祠社、窑冶、官衙，不居草木不生处，不居故军营战地，不居正当水流处，不居山脊冲处，不居大城门口处，不居对狱门处，不居百川口处。

凡宅东有流水达江海，吉。东有大路贫，北有大路凶，南有大路富贵。

凡宅树木，皆欲向宅吉。背宅凶。

凡宅地形卯酉不足，居之自如。子午不足，居之大凶。子丑不足，居之口舌。南北长，东西狭，吉。东西长，南北狭，初凶后吉。

凡宅居，滋润光泽阳气者吉。干燥无润泽者凶。

凡宅前低后高，世出英豪。前高后低，长幼昏迷。左下右昂，长子荣昌。阳宅则吉，阴宅不强。右下左高，阴宅丰豪。阳宅非吉。主必奔逃。两新夹故，死须不住；两故夹新，光显宗亲；新故俱半，陈粟朽贯。

凡宅或水路桥梁四面交冲者，使子孙怯弱，主不吉利。

凡宅门前不许开新塘，主绝无子，谓之血盆照镜。门稍远可开半月塘。

凡宅门前不许人家屋箭来射，主出子孙忤逆不孝。

凡宅门前不许见二三四尺红白赤石，主凶。

凡宅屋后见拍脚山，出淫妇通僧道。

凡宅门前有探头山，四时防盗。若在屋，出军贼之人。

凡宅屋后或有峻岭道路，或前冲后射，主出军贼之人。

凡宅屋后不要绝尖尾地，主绝人丁。门前屋后，方圆大吉。

凡宅门前不要朝垂，飞水返背者是也。主出淫乱之妇。

凡宅门前见水声悲吟，主退财。

凡宅门前忌有双池，谓之哭字。西头有池为白虎，开口皆忌之。

凡宅门前屋后见流泪水，主眼疾。

凡宅门前朝平圆山，主吉。

凡宅门前屋后，沟渠水不可分八字，及前后水出，出绝嗣败财。

凡宅井不可当大门，主官讼。

凡造屋切忌先筑墙围并外门，主难成。凡大门门扇及两畔墙壁，须要大小一般。左大主换妻，右大主孤寡。大门拾柱，小门六柱，皆要著地则吉。门扇高于墙壁，多主哭泣。门口水坑，家破伶仃。大树当门，主招天瘟。墙头冲门，常被人论。交路夹门，人口不存。众路相冲，家无老翁。门被水射，家散人哑。神社对门，常病时瘟。门下水出，财物不聚。门著井水，家招邪鬼。粪屋对门，痈疖常存。水路冲门，忤逆子孙。仓口向门，家退遭瘟。捣石门居，宅出隶书。门前直屋，家无余谷。门前垂杨，非是吉祥。巽方开门，反隙穴开窗之类，并有灾害。东北开门，多招怪异。重重宅户，三门莫相对。必主门户退。

八方坑坎歌

丑低投军号阵中，艮低师巫残患人。

寅低狼伤并虎咬，他乡外死甲上坑。

卯地有爨伤眼目，乙辰有水患秃风。

巽地坑池官司败，阳短阴山出暗风。

午丙有坑火灾显，未丁坑下痨嗽人。

酉方坑下家贫窘，戌亥蛇腰鬼贼侵。

壬子有弯绝后嗣，祸福如同在掌中。

何知经

何知人家贫了贫，山走山斜水返身。

何知人家富了富，员峰磊落皆朝护。

何知人家贵了贵，文笔秀峰当案起。

何知人家出富豪，一山高了一山高。

何知人家破败时，一山低了一山低。

何知人家出孤寡，琵琶侧扇孤峰邪。

何知人家少年亡，前也塘兮后也塘。

何知人家吊颈死，龙虎颈上有条路。

何知人家少子孙，前后两边高过坟。

何知人家二姓居，一边山有一边无，

何知人家主离乡，一山主窜过明堂，

何知人家出做军，枪山坐在面前伸，

何知人家被贼偷，一山走出一山钩，

何知人家忤逆有，龙虎山斗或开口，

何知人家被火烧，四边山脚似芭蕉，

何知人家女淫乱，门对坑窜水有返，

何知人家常发哭，面前有个鬼神屋，

何知人家不旺财，只少源头活水来，
何知人家不久年，有一边兮无一边，
何知人家受孤恓，水走明堂似簸箕，
何知人家修善果，面前有个香炉山，
何知人家会做师，排符山头有香炉，
何知人家出跏跛，前后金星齐带火，
何知人家致死来，停尸山在面前排，
何知人家有残疾，只因水带黄泉人，
何知人家宅少人，后头来龙无气脉.
仔细相山并相水，断山祸福灵如见.
千形万象在其中，不过此经而已矣。

宅忌架桥梁歌

一桥高架宅厅前，　左右相同后亦然。
不出三年并五载，　家私荡尽卖田园。
此法屡验，故特标为一诀。

阳宅外形吉凶图说

此宅左短右边长，君子居之大吉昌。家内钱财丰盛富，只因次后少儿郎。

右短左长不堪居，生财不旺人口虚。住宅必定子孙愚，先有田蚕后也无。

昔日周公相此居，丑寅空缺聚钱资。家豪富贵长保守，不遇仙人怎得知。

辰巳不足却为良，居之家豪大吉昌。若是安庄终有利，子孙兴旺足牛羊。

仰目之地出贤人，庶人居之又不贫。子孙印绶封官职，光显门庭共九卿。

中央高大号圆丘，修宅安坟在上头。人口资财多富贵，二千食禄任公侯。

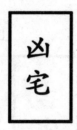

坎兑两边道路横，定主先吉后有凶。人口资财初一胜，不过十年一时空。

此宅修在涯水头，主定其地不堪修。牛羊尽死人逃去，造宅修茔见祸由。

前狭后宽居之稳，富贵平安旺子孙。资财广有人口吉，金珠财宝满家门。

前宽后狭似棺形，住宅四时不安宁。资财破尽人口死，悲啼呻吟有叹声。

西南坤地有丘坟，此宅居之渐渐荣。若是安庄并造屋，儿孙辈辈主兴隆。

此宅卯地有丘坟，后来居之定灭门。愚师不辨吉凶理，年久坟前缺子孙。

此房正北有丘坟，明师安庄定有名。君子居之官出禄，庶人居之家道荣。

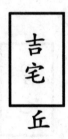

前后有丘不喜欢，安庄修造数余年。此宅常招凶与吉，得时富贵失时嫌。

此居乾地有丘陵，修宅安庄渐渐兴。女人入宫为妃后，儿孙以后作公卿。

此宅前后有高沙，居之依师不为差。田财广有人多喜，处处谈扬道富家。

西高东下向北阳，正好修工兴盖庄。后代资财石崇富，满宅家眷六畜强。

此宅方圆四面平，地理观此好兴工。不论宫商角徵羽，家豪富贵旺人丁。

此宅观灵取这强，却因辰巳有池塘。儿孙旺相家资盛，兴小败长有官防。

前后高山两相宜，左右两边有沙池。家豪富贵多年代，寿命延年彭祖齐。

此宅左右水长渠，久后儿孙福禄齐。禾麦钱财常富贵，儿孙聪俊胜祖基。

左边水来射午宫，先初富贵后贫穷。明师断尽吉凶事，左边大富右边穷。

此屋西边有水池，人若居之最不宜。牛羊不旺人不吉，先富后贫少人知。

西北乾宫有水池，安身甚是不相宜。不逢喜事多悲泣，初虽富时终残疾。

后边有山可安庄，家财盛茂人最强。若居此地人丁旺，子孙万石有余粮。

前有大山不足论，不可安庄立坟茔。试问明师凶与吉，若居此地定灭门。

此宅后边有高冈，南下居之第一强。子孙兴旺田蚕胜，岁岁年年有陈粮。

此宅四角有林桑，祸起之时不可当。若遇明师重改造，免教后辈受恓惶。

此宅前后有坟林，凡事未通不称心。家财破败终无吉，常有非灾后又侵。

左边孤坟莫施工，此地安庄甚是凶。疾病缠身终不吉，家中常被鬼贼侵。

此宅右短左边长，假令左短有何妨。后边齐整方圆吉，庶人居之出贤良。

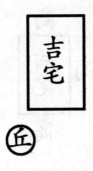

东北丘坟在艮方，成家立计有何妨。修造安庄终迪吉，富贵荣华世世昌。

左短右长却安然，后面夹稍前面宽。此地修造人口吉，子孙兴旺胜田蚕。

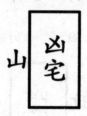

此宅东边有大山，又孤又寡又贫寒。频遭口舌多遭难，百事先成后求难。

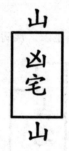

此地观之有何如，前山后山不堪居。家贫孤寡出贼子，六畜死尽祸有余。

中央正面四面高，修盖中宅福有余。牛羊六畜多兴旺，家道富贵出英豪。

四面交道主凶殃，祸起人家不可当。若不损财灾祸死，投河自缢井中亡。

此地只因道左边，久住先富后贫寒。贵重之人终迪吉，若逢贱者离家园。

两边白虎生灾殃，百事难成有死伤。贼人偷盗钱财破，又兼多讼被官防。

此宅东北斜道行，宅西大道主亨通。虽然置下家财产，破败一时就灭倾。

宅东流水势无穷，宅西大道主亨通。因何富贵一齐至，右有白虎左青龙。

朱元龙虎四神全，男人富贵女人贤。官禄不求而自至，后代儿孙福远年。

宅前有水后有丘，十人遇此九人忧。家财初有终耗散，牛羊倒死祸无休。

此宅安居正可求，西南水向东北流。虽然重妻别无事，三公九相近王侯。

宅前林木在两傍，乾有丘埠艮有冈。若居此地家豪富，后代儿孙贵显扬。

前有丘陵后有冈，西边稳抱水朝阳。东行漫下过一里，此宅安居甚是强。

西来有水向东流，东显长河九曲沟。后高绵远儿孙胜，禾谷田蚕岁岁收。

后高有陵前近池，西北瞻仰显高危。天赐富贵仓粮足，辈辈儿孙著紫衣。

西有长波汇远冈，东有河水鹅鸭昌。若居此地多吉庆，代代儿孙福禄强。

前边左右有丘陵，后面东道远平平。巽地开门家富贵，不宜兑路子孙冲。

住宅西南有水池，西北丘势更相宜。艮地有冈多富贵，子孙天锡著罗衣。

南来大路正冲门，速避直行过路人，急取大石宜改镇，免教后人哭声频。

东西有道直冲怀，定主风病疾伤灾。从来多用医不可，儿孙难免哭声来。

前有高埠后有冈，东来流水西道长。子孙世世居官位，紫袍金带拜君王。

乾坤艮坎土冈高，前平地势有相饶。立宅居之人口旺，儿孙出众又英豪。

西北仰高数里强，东南巽地有重冈。坤艮若平家富贵，田蚕万倍足牛羊。

岭河岗

吉宅

南北长河又宽平，东岭西冈三两层。左右宅前来相顾，儿孙定出武官人。

尖

宽 凶宅 宽

尖

东西宽大两头尖，岭上安坟不足看。此地若无前后势，家中男女众人嫌。

凶宅

林
丘

艮地孤坟一墓安，莫教百步内中间。久后痴聋并喑哑，令人有病治难痊。

右边白虎北联山，左有青龙绿水潺。若居此地出公相，不入文班入武班。

林中不得去安居，田宅莫把作丘坟。田蚕岁岁多耗散，宅内惊忧鬼成精。

宅东南北有长河，坤乾丘墓近大坡。此地若居大富贵，更兼后代子孙多。

北有大道正冲怀，多招盗贼破钱财。男人有病常常害，贫穷不和闹有乖。

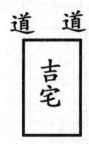

东西有道在门前，莫把行人断遮栏。宅内更有车马过，子孙富贵的安然。

两边低下后边高，妇人守寡受勤劳。多招接脚并义子，年深犹自出贫消。

乾地林木妇女淫，沟河重见死佳人。坤地水流妨老母，子孙后代受孤贫。

庚辛壬癸有坟林，可取千株郁郁林。正对宅舍六十步，儿孙换改旧家门。

寺庙丘坟切要知，不分南北共东西。离宅未有一百步，已后伤人杀子孙。

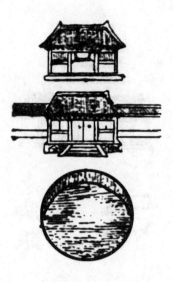

断曰：此个明堂出寡娘，少年眼疾堕胎亡。痨瘵气疾人丁有，流水儿孙实可伤。

主脚跟

断曰：青龙若有二山随，其家养女被人迷。招郎义子其家破，不出军时有匠贼。逆水为吉，出入狡猾。顺水为凶，换姓过活。

断曰：白虎若见二山随，定教妇女被人迷。二姓之家来合活，忤逆人家媳骂姑。

断曰：若见明堂似廉贞，断定眼疾少光明。家生气疾虚劳死，将来致死满门庭。

断曰：明堂形似破军星，不出军兮出匠真，扛尸外死家退落，孤寡临门二姓人。

断曰：文曲明堂在面前，男女风声此处生，男少女多真不吉，招郎纳婿过浮生。

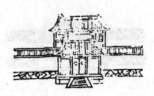

水带玉

断曰：门前若有玉带水，高官必定容易起。出入代代读书声，荣显富
贵耀门闾。

断曰：此树门前人不知，家招寡母哭声悲。二姓同居招女婿，血财捐
尽又瘟迷。

断曰：门前若有两等树，断定二姓同居住。大富之家招二妻，孤翁寡母泪沾衣。

断曰：面前凶沙若有此，左火炒来兄必死。右火冲身弟必亡，当面尖射中此是。

断曰：门前三塘及二塘，必啼孤子寡母娘。断出其家真祸福，小儿落水泪汪汪。

断曰：逆水廉贞为谷将，顺水廉贞是退神。又名唤作讼诃笔，出入狡猾不堪云。

断曰：明堂若见似芒捶，少年枉死此中是。吐血伤人凶恶死，少年寡母纷纷起。

断曰：若见鹅颈鸭颈前，淫乱风声处处传。孤寡少年不出屋，男瘸女跛不堪言。

　　断曰：明堂三尖并四尖，断他致死祸淹淹。定出气泪及患眼，更兼脚疾甚难痊。

　　断曰：若见明堂三个角，瞎眼儿孙因此哭。单传人口多少亡，气痛其家常不脱。

断曰：明堂返转似裙头，家中淫乱不知羞。孤寡少亡端的有，瘟瘟瘟麻痘染时流。

断曰：独树孤峰如顶笠，僧道尼姑从此出。更出瘟疾眼无光，忤逆争斗事不一。

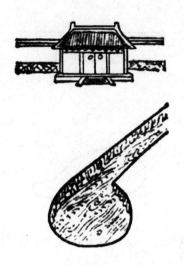

断曰：面前退神插明堂，代代儿孙主少亡。顺水田园都卖尽，家中纵好也徒然。

断曰：面前一山如入舞，家中定出风颠子。时常妖怪入家门，手足之灾定不虚。

断曰：此个山头在面前，风瘫人出退田园。献花淫欲多端事，老子将来把火燃。

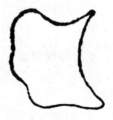

断曰：若见明堂似禄存，三年两度定遭瘟。蛇伤牛斗风伤事，曲背跎腰聋哑人。

断曰：若见明堂似牛轭，定断其家会做贼。瘟瘟疾病不离门，少死人丁哭不绝。

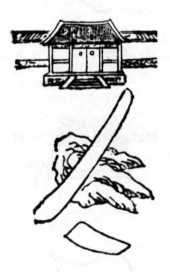

断曰：拖尸之山如此样，劝君仔细看形相。缢颈之山白路行，时师法术要消详。

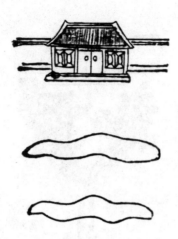

断曰：若见明堂似蜒蚰，黄肿随身出云游。懒惰儿孙带脚疾，儿孙产难尽遭尤。

断曰：竹木倒垂在水边，小儿落水不堪言。栏栅添置犹防可，更有瘟灾发酒颠。

断曰：独树两枝冲上天，牵连官事惹忧煎。断他年月无移改，坐向官主细推言。

断曰：独树生来无破相，必定换妻孤寡真。孤辰寡宿定分明，无儿无女妙通神。

断曰：禄存重树在门前，二房暗哑不能言。又主出人瘸跛疾，招瘟动火主忧煎。

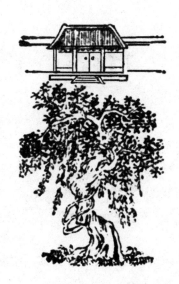

断曰：黄泉破军有藤树，断定千连官事至。攀扯相争入法场，只为奸情盗贼赴。

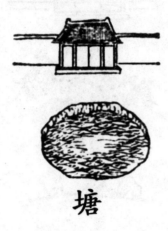

塘

断曰：黄泉破军若有塘，必主小儿落水亡。禄存有庙及空屋，必主阴人自缢当。

断曰：小屋孤峰三两交，迭迭重重寡婆招。堕胎瞎眼此中出，说与时师仔细消。

断曰：停丧破屋在面前，其家官事起连连。常招怪物门庭入，血财尽死又瘟缠。

断曰：此树人家忤逆真，其家兄弟打相论。子骂父兮天道灭，媳欺姑妈失人伦。

　　断曰：离乡之树头向外，定知落水遭徒配。曲背跎腰瞎眼人，小鬼入家惊作害。

　　断曰：鬼怪之树痈肿前，盲聋喑哑痨病缠。妇人惹怪常来宅，偷鸡弄犬使人颠。

断曰：缢颈之树藤缠上，要在禄存方上见。妇人口舌搅亲邻，遭瘟动火入黄泉。

断曰：怪树肿头又肿腰，奸邪淫乱小鬼妖。猫鼠猪鸡并作怪，疾病痨瘵不曾饶。

　　断曰：空心大树在门前，妇人痨病叫皇天。万般吃药皆无效，除了之时祸断根。

　　断曰：妖怪之树人不识，文曲之方真不吉。男贪淫欲女贪花，破坏风声情似蜜。

断曰：肿头之树人难辨，破军方位不可见。生离外死不思归，寡母泪湿香腮面。

断曰：面前若见生土堆，堕胎患眼也难开。寡妇少亡不出屋，盲聋喑哑又生灾。

前向卷路

断曰：门前水路卷向前，家中淫乱不堪言。孤寡少亡伤败事，家中动火又瘟缠。

砂　尖

断曰：门前若见此尖沙，投军做贼夜行家。出人眼疾忤逆有，兄弟分居饿死爷。

断曰：门前水分八字图，卖尽田园离乡土。淫乱其家不用媒，定出长小离房祖。

断曰：若有此塘当面前，代代痨疾不堪言。一塘便断一人丧，何宠不与外人传。

断曰：明堂此塘在面前，三四寡妇闹喧天。时师不识其中病，此杀名为丧祸源。

断曰：大城左右不朝坟，镰钩返生样为凶。孤寡徒流伤败事，家中又见遭时瘟。

文曲路

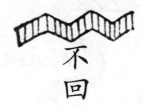

不
回

断曰：离乡迢迢是此路，儿孙出外皆发富。若然直去不回还，定出离乡不归屋。

川字路

断曰：门前有路川字行，破财年年官事兴。若然直射见明堂，三箭三男死却身。

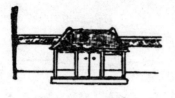

断曰：当面若行元字路，其家财谷多无数。面前恰似蚯蚓行，定出痨瘵病多苦。

断曰：若见此路在门前，自缢吊颈事干连。欲吊不吊是此路，术者只要细推玩。

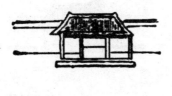

断曰：若见田塍如此样，断定自缢吊高梁。必然外死扛尸转，孰知因此死他乡。

寒林

断曰：门前若有此寒林，年年瘟疫事相临。又主怪物入门户，断他年年细推论。

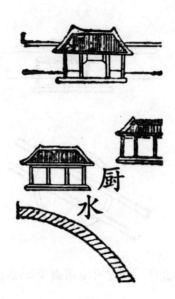

断曰：前面水路及返飞，定主退妾又离妻。瘸跛孤儿随母嫁，顺水淫乱主生离。

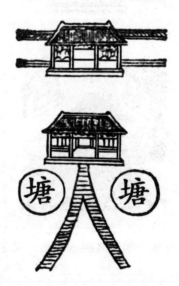

断曰：门前有路是火字，两边有塘年少死。断就其家连泪哭，岁杀加临灾祸至。

断曰：前有塘兮后有塘，儿孙代代少年亡。后塘急用泥填起，免得其后受祸殃。

胎堕疾眼

断曰：此屋门前有大堆，住此房内主堕胎。更兼眼疾年年有，火杀加临更惹灾。

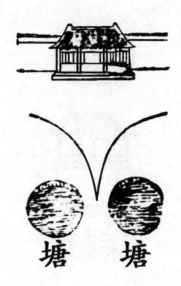

断曰：此屋门前两口塘，为人哭泣此明堂。更主人家常疾病，灾瘟动火事干连。

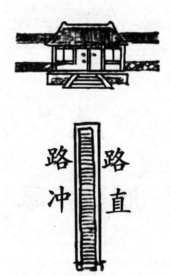

断曰：此屋若有大路冲，定主家中无老公。残疾之人真是有，名为暗箭射人凶。

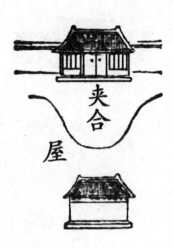

　　断曰：门前若见有小屋，官事临门来得速。便见何年凶祸生，岁煞加临灾更毒。

　　断曰：此屋若在大树下，孤寡人丁断不差。招郎乞子家中有，瘟瘟怪物定交加。

断曰：小石当门多磊落，其家说鬼时时着。小口惊吓不须言，气绝聋哑人难觉。

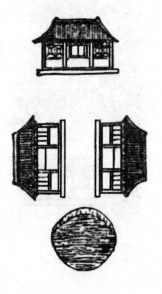

断曰：此个人家品字样，读书作馆起家庄。人财大旺添田地，贵子声名达帝乡。

论福元第二

福元者何，即福德宫是也。古人隐秘，此诀谓之伏位。盖厥初太极生两仪，两仪生四象，四象生八卦。故生人分东位、西位，乃两仪之说。分东四位、西四位，乃四象之说。分乾、坎、艮、震、巽、离、坤、兑，乃八卦之说。是皆天地大道、造化自然之理。若福元一错，则东四修西，西四修东，吉星反变为凶星。虽外形内形俱吉，皆无用矣。关系最大，故《论福元》第二。

福元说

天地间不过一阴阳五行，历法易数，互相表里者。历法以一百八十年为一大周天。第一甲子六十年为上元，第二甲子六十年为中元，第三甲子六十年为下元。此之谓三元。配以洛书九宫八卦，一年属一宫。洛书戴九履一，左三右七，二四为肩，六八为足，五独居中。配合流年，一岁属坎，二岁属坤，迤次震三，巽四，中五，乾六，兑七，艮八，离九。生人之年值何卦，此卦即为福德宫。而男中五则寄坤宫，女中五则寄艮宫，此之谓八卦。匪惟宅元起例在此，其婚元起例，茔元起例，皆不外此。八卦九宫是八卦之名实，在人生年福德，不在居宅。盖宅但可谓八方，不可谓八卦。若名八卦，止正南、正北、正东、正西。坎、离、震、兑四卦乃四隅。宅岂世所常有，而可名为乾、坤、艮、兑、宅哉。惟识生年福德为、卦，则震、巽、坎、离、福德为东四位。生人乾、坤、艮、兑；福德为西四位。生人东西位则修震、巽、坎、离。西四位则修乾、坤、艮、兑。而祸福永无差谬矣。

福元入掌纹起例说

八卦并中，五惟九宫。掌纹支位，则有十二。故去亥、子、丑三位不用，止用从寅至戌九位。

野马跳涧诀

野马跳涧走，从寅数到狗，一年隔一位，不用亥子丑。

图掌涧跳马野

起男女上中下元诀

上元甲子一宫连，中元起巽下兑间。

上五中二下八女，男逆女顺起根源。

弘治十七年甲子以前下元。

弘治十七年甲子以后上元。

嘉靖四十三年以后中元。

男上元甲子起一位，即坎即寅。

中元甲子起巳位，即巽。

下元甲子起兑位即申。以上逆数，男五寄坤宫。

女上元甲子起五位，即午即中。

中元甲子起二位，即卯即坤。

下元甲子起八位，即酉即艮。以上顺数，女五寄艮宫。先分上、中、下元，以跳涧诀数至何宫，生人即于此宫。

起游年八卦，数至吉星得地处宜居住，开门凶星宜碾磨猪圈之类。

且如上元甲子，宅主甲寅年生，一宫寅上起甲子，逆数跳入离宫戌上起甲戌，艮宫酉上起甲申，兑宫申上起甲午，乾宫未上起甲辰，中宫午上起甲寅。是谓中宫生人。中宫寄坤，以坤宫生人。主之游年，起坤天延绝，生祸五六，福元门路。按图定之则吉。

且如上元甲子，宅母甲寅年生。五中宫午上起甲子，顺数乾宫未上起甲戌，兑宫申上起甲申，艮宫酉上起甲午，离宫戌上起甲辰，坎宫寅上起甲寅。是谓坎宫生人。主之游年，起坎，五天生，延绝祸六，福元门路，按图定之吉。

且如中元甲子，宅主乙丑年生。就从中元甲子起巽。逆数乙丑到震，是谓震宅生人。主之游年，起震延生祸，绝五天六，福元门路，按图定之则吉。

且如中元甲子，宅母丙寅年生。就从中元甲子起坤。顺数丙寅至巽，是谓巽宅生人。游年起巽天五六，祸生绝延，福元门路，按图定之则吉。

　　客有诘予者曰：子之以福元定东西四位宅图也。信以人之生年为主，不以宅向为主矣。若父年东四位生人，而子年则西四位；兄年西四位生人，而弟年又东四位，则父宅子何以居，而兄宅弟何以居乎？曰：此自有截路分房法在也。凡宅大门，但取游年一法，应以家长为主，然大门非能尽主一宅之兆。由大门入，凡有一墙一门隔蔽，皆当从所开门起。且如至仪门处，便当从仪门算起。仪门外一层房，已不在数内，况居各院，开各门，自是各随生年定居。此一宅分各院之法，即有一父四子八孙，亦惟各修其福德所宜。震巽坎离生人，则修东四位一院；乾坤艮兑生人，则修西四位一院。各修各居，何相悖之有？客曰唯唯，足解世说之惑。

三元甲子福德宫定局

弘治十七年以后为上元

甲子男坎女中寄艮	乙丑男离女乾
丙寅男艮女兑	丁卯男兑女艮
戊辰男乾女离	己巳男中寄坤女坎
庚午男巽女坤	辛未男震女震
壬申男坤女巽	癸酉男坎女中寄艮
甲戌男离女乾	乙亥男艮女兑
丙子男兑女艮	丁丑男乾女离
戊寅男中寄坤女坎	己卯男巽女坤
庚辰男震女震	辛巳男坤女巽
壬午男坎女中寄艮	癸未男离女乾
甲申男艮女兑	乙酉男兑女艮

丙戌男乾女离	丁亥男中寄坤女坎
戊子男巽女坤	己丑男震女震
庚寅男坤女巽	辛卯男坎女中寄艮
壬辰男离女乾	癸巳男艮女兑
甲午男兑女艮	乙未男乾女离
丙申男中寄坤女坎	丁酉男巽女坤
戊戌男震女震	己亥男坤女巽
庚子男坎女中寄艮	辛丑男离女乾
壬寅男艮女兑	癸卯男兑女艮
甲辰男乾女离	乙巳男中寄坤女坎
丙午男巽女坤	丁未男震女震
戊申男坤女巽	己酉男坎女中寄艮
庚戌男离女乾	辛亥男艮女兑
壬子男兑女艮	癸丑男乾女离
甲寅男中寄坤女坎	乙卯男巽女坤
丙辰男震女震	丁巳男坤女巽
戊午男坎女中寄艮	己未男离女乾
庚申男艮女兑	辛酉男兑女艮
壬戌男乾女离	癸亥男中寄坤女坎

嘉靖四十三年以后为中元

甲子男巽女坤	乙丑男震女震
丙寅男坤女巽	丁卯男坎女中寄艮
戊辰男离女乾	己巳男艮女兑
庚午男兑女艮	辛未男乾女离
壬申男中寄坤女坎	癸酉男巽女坤
甲戌男震女震	乙亥男坤女巽
丙子男坎女中寄艮	丁丑男离女乾
戊寅男艮女兑	己卯男兑女艮
庚辰男乾女离	辛巳男中寄坤女坎
壬午男巽女坤	癸未男震女震
甲申男坤女巽	乙酉男坎女中寄艮
丙戌男离女乾	丁亥男艮女兑
戊子男兑女艮	己丑男乾女离
庚寅男中寄坤女坎	辛卯男巽女坤
壬辰男震女震	癸巳男坤女巽
甲午男坎女中寄艮	乙未男离女乾
丙申男艮女兑	丁酉男兑女艮
戊戌男乾女离	己亥男中寄坤女坎
庚子男巽女坤	辛丑男震女震

壬寅男坤女巽	癸卯男坎女中寄艮
甲辰男离女乾	乙巳男艮女兑
丙午男兑女艮	丁未男乾女离
戊申男中寄坤女坎	己酉男巽女坤
庚戌男震女震	辛亥男坤女巽
壬子男坎女中寄艮	癸丑男离女乾
甲寅男艮女兑	乙卯男兑女艮
丙辰男乾女离	丁巳男中寄坤女坎
戊午男巽女坤	己未男震女震
庚申男坤女巽	辛酉男坎女中寄艮
壬戌男离女乾	癸亥男艮女兑

万历五十二年以后为下元

甲子男兑女艮	乙丑男乾女离
丙寅男中寄坤女坎	丁卯男巽女坤
戊辰男震女震	己巳男坤女巽
庚午男坎女中寄艮	辛未男离女乾
壬申男艮女兑	癸酉男兑女艮
甲戌男乾女离	乙亥男中寄坤女坎
丙子男巽女坤	丁丑男震女震
戊寅男坤女巽	己卯男坎女中寄艮

庚辰男离女乾	辛巳男艮女兑
壬午男兑女艮	癸未男乾女离
甲申男中寄坤女坎	乙酉男巽女坤
丙戌男震女震	丁亥男坤女巽
戊子男坎女中寄艮	己丑男离女乾
庚寅男艮女兑	辛卯男兑女艮
壬辰男乾女离	癸巳男中寄坤女坎
甲午男巽女坤	乙未男震女震
丙申男坤女巽	丁酉男坎女中寄艮
戊戌男离女乾	己亥男艮女兑
庚子男兑女艮	辛丑男乾女离
壬寅男中寄坤女坎	癸卯男巽女坤
甲辰男震女震	乙巳男坤女巽
丙午男坎女中寄艮	丁未男离女乾
戊申男艮女兑	己酉男兑女艮
庚戌男乾女离	辛亥男中寄坤女坎
壬子男巽女坤	癸丑男震女震
甲寅男坤女巽	乙卯男坎女中寄艮
丙辰男离女乾	丁巳男艮女兑
戊午男兑女艮	己未男乾女离

庚申男中寄坤女坎	辛酉男巽女坤
壬戌男震女震	癸亥男坤女巽

以上三元甲子，一百八十年而周，周而复始，自此千百万世，宅元福德起例，皆仿此。婚元起例，载在今历书后，其诀云：上元男七女五宫，中元男一女二宫，下元男四女五宫，男逆女顺见真宗，五位男坤女艮宫。

东四位宅图说并东四位生人用例

福元在震、巽、坎、离宫，为东四位生人，其吉星俱在震、巽、坎、离之方。门所宜开，路所宜行，房楼所宜高大，主人所宜居，若误用乾、坤、艮、兑，俱属凶星。是谓东四修西多不吉。故著东四位宅图说。

假如夫东四位生命，而妻则西四位，非如父子兄弟，可分各院居也，其居法当何如？若住北房，则夫居中间，而妻居西间，或东间乾艮皆宜。若住南房，则夫居东间、中间，而妻居西间，坤其所宜。若住东房，则夫居南间、中间，而妻居北间，艮其所宜。大抵夫妇福德不同，则当以夫为主耳。

东四位坎宫相生人：坎宫为正福德宫，一切门房井灶等项，皆从坎起。法曰：坎五天生，延绝祸六。

一、定福元宜居南房东间，上上吉。东房南间，上吉。北房中间亦吉。

一、定宅宜住坐北向南宅，上上吉。坐南向北宅，上吉。坐西向东宅，亦吉。惟坐东向西宅不宜居。不便修盖。以乾兑坤俱，不宜开门故也。若用截路分房法，亦可居。

一、定门宜走东南巽方，巳字辰字生气门，上上吉。正北坎方福德门，上吉。正南离方延年门亦吉。

一、定宅中所行路，宜由东方，上吉。

一、定井宜在宅东南辰巳方长生位，大吉。

一、定厨灶宜在宅东北，甲寅字五鬼方，大吉。

一、定碾磨宜在宅东北五鬼方，正西祸害方，大吉。

一、定牛马栏宜在宅东南生气方，大吉。

一、定放水宜在甲乙巨门方，巨门水去来皆可。

东四位离宫相生人：离宫为正福德宫，一切门房井灶等项，皆从离起。法曰：离六五绝，延祸生天。

一、定福元宜居南房东间、东房南间，俱上上吉。北房中间亦吉。

一、定宅宜住坐北向南宅，上上吉。坐南向北宅上吉。坐西向东宅亦吉。惟坐东向西宅不宜居。

一、定门宜走东南巽方，己字天乙门，上上吉。正北坎方壬字延年门，亦上吉。东方甲卯乙字生气门，亦大吉。

一、定宅中所行路，宜由东方，上吉。

一、定井宜在正东卯字方，长生位，大吉。

一、定厨灶宜在宅东北，甲寅字祸害方，大吉。

一、定碾磨宜在宅正西五鬼方，东北祸害方，大吉。

一、定牛马栏宜在宅正东生气方，大吉。

一、定放水避忌阴水只宜在乾破军方。

东四位震宫相生人：震宫为正福德宫，一切门房井灶等项，皆从震起。法曰：震延生祸，绝五天六。

一、定福元宜住东房南间，南房东间、俱上吉。北房中间亦吉。

一、定宅宜住坐北向南巽方，巳字门宅，上上吉。坐南向北坎方壬字门宅吉。坐西向东巽方辰字门宅亦吉。惟坐东向西宅不宜居。

一、定门宜走东南巽方延年门，正北坎方天乙巨门，俱上吉。正南离门亦吉。

一、定宅中所行路，宜由东方，上吉。

一、定碾磨宜在宅西南祸害方，西北五鬼方，大吉。

一、定井宜在宅南丙字长生位，大吉。

一、定厨灶宜在西方庚字，上大吉。

一、定牛马栏宜在宅正南生气方，大吉。

一、定放水宜在西方辛字庚字，上大吉。

东四位巽宫相生人：巽宫为正福德宫，一切门房井灶等项，皆从巽起。法曰：巽天五六，祸生绝延。

一、定福元宜居东房南间，南房东间，俱上吉。北房中间亦吉。

一、定宅宜住坐北向南巽门宅，上上吉。坐南向北坎门宅上吉。坐西向东巽门宅亦吉。惟坐东向西宅不宜居。盖因开大门不便，若用截路分房法，亦可居。

一、定门宜走东南巽方，巳字辰字福德门，正北坎方生气门，俱上吉。正南离方天乙门亦吉。

一、定宅中所行路，宜由东方，上吉。

一、定碾磨宜在宅西南五鬼方，西北祸害方，大吉。

一、定井宜在正北方长生位，大吉。

一、定厨灶宜在西方庚字，上大吉。

一、定牛马栏宜在正北生气方，大吉。

一、定放水宜在西方辛字、庚字，俱上吉。南方丁字亦可。

吉无凶何必广览，邪书胡谭，而乖阴阳之正理也。

第一若得生炁卦，青龙入宅旺田庄。生财万倍兴人口，家家无事保安康。

注曰：生炁是贪狼星。若宅中大房坐此星，或合卦。得此星谓青龙入宅，或宅上有青龙，见者百事吉。

第二合成天乙卦，黄蛇入宅是吉祥。儿孙迁官并加禄，生财兴旺后人强。

此段不在装卦内用，装卦爻诀内无天乙巨门之吉。盖凡天乙卦，阳配阳，阴配阴也。

天乙是巨门星。但人家大房坐此星，或合得此卦。谓黄蛇入宅，或宅上有生此蛇者，百事大吉。

第三合成延年卦，刺猬入宅喜吉祥。不出三年家豪富，牛马成群进宝庄。

注曰：延年是武曲星。若人家大房坐此星，或合得。此卦谓刺猬入宅，或宅上生此物，亦是百事大吉。

第四配合五鬼神，骒马倒死损财珍。三岁三番贼遄至，火光官事口舌频。

注曰：五鬼是廉贞星，若人家大房坐此星，或合得。

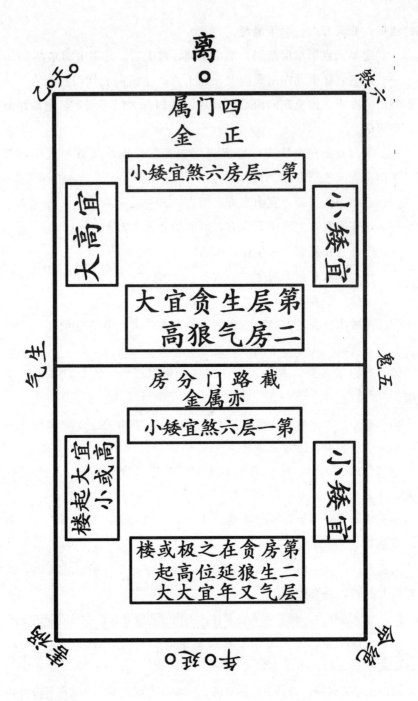

坐北向南离门宅。

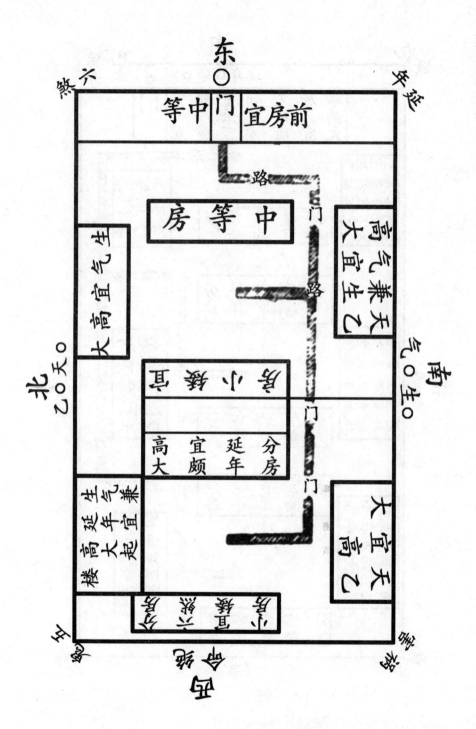

东〇门

前房宜 中等

路

中等房

高气兼天
大宜生乙

南〇生

大宜高天
乙

北〇天〇乙

大宜高气壬

兼小离其

分房 延年 宜颇 高大

兼气宜壬
延年高大起

楼

门

门

门

火〇煞

年延

室〇禄

天〇乙
禄
甲

绝小離其兼

坐西向东震门宅。

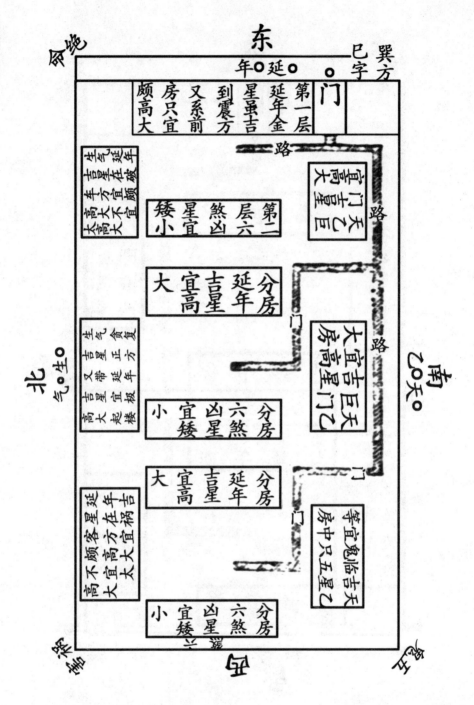

坐西向东巽门宅，截路分房要紧。

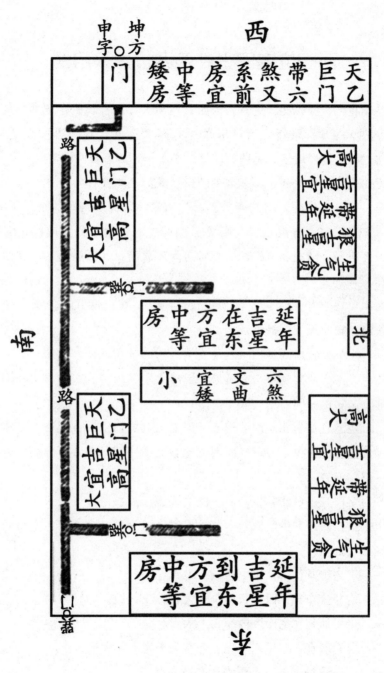

坐东向西宅，东四位正大，乾兑门俱不宜，本难修盖，权宜造法如左。

西四位宅图说并西四位生人用例

福元在乾、坤、艮、兑宫，为西四位生人。其吉星俱在乾坤、艮、兑之方。门所宜开，路所宜行，房楼所宜高大，主人所宜居。若误用震、巽、坎、离，俱属凶星。是谓西四修东必不祥。故著西四位宅图说。

假如夫西四位生命，而妻则东四位，其居法当何如？若住北房，则夫居两间，而妻居中间，坎其所宜。若住南房，则夫居西间，而妻居中间、东间，离巽皆宜。若住东房，则夫居北间，而妻居中间、南间，震巽皆宜。若住西房，则夫居中间，而妻居南间、北间，其安床大端，首向东南为可耳。

西四位乾宫相生人：乾宫为正福德宫，一切门房井灶等项，皆从乾起。法曰：乾六天五，祸绝延生。

一、定福元宜居西房西楼，上上吉。次居北房西间，福德吉。北房东间天乙吉。南房西间延年，亦可居。但房之中间未善耳。北房中一间，六煞文曲。南房中一间，绝命破军。

一、定宅宜住坐北向南坤门宅，坐南向北乾门宅，俱上吉。坐东向西乾门坤门兑门宅，俱上吉。坐南向北宅艮方丑字门，亦吉。坐西向东宅艮方寅字门，亦吉。

一、定门宜走西北乾方，亥字戌字福德门，西南坤方，未字申字延年门，上吉。正西辛字生气门，东北艮方寅字丑字门，亦吉。但不可正当艮字。别法谓之鬼门。

一、定宅中所行路，宜由西方，上吉。

一、定井宜在宅正西方长生位，大吉。

一、定厨灶宜在宅南方丙字，上大吉。

一、定碾磨宜在宅正东五鬼方，东南祸害方，大吉。

一、定牛马栏宜在宅正西生气方，上吉。

一、定放水宜在东方甲字乙字，北方壬字癸字，俱吉。

西四位坤宫相生人：坤宫为正福德宫，一切门房井灶等项，皆从坤起。法曰：坤天延绝，生祸五六。

一、定福元宜居西房西楼，南间北间，俱上上吉。北房西间、东间，南房西间，亦吉。但房之中间未善耳。北房中一间，谓之绝命，南房中一间，谓之六煞。

一、定宅宜住坐北向南坤门宅，坐南向北乾门宅。俱上上吉。坐南向北艮方丑字门宅，坐东向西坤门兑门乾门宅，坐西向东艮方寅字门宅，亦上吉。

一、定门宜走西北乾方亥字戌字延年门，西南坤方未字申字福德门，上吉。东北艮方丑字寅字门，亦吉。但不宜正当艮字。别法谓之鬼门。

一、定宅中所行路，宜由西方，大吉。

一、定井宜在东北方长生位，大吉。

一、定厨灶宜在宅北方癸字，上大吉。

一、定碾磨宜在宅正东祸害方，东南五鬼方，大吉。

一、定牛马栏宜在东北生气方，大吉。

一、定放水宜在东方甲字乙字，北方壬字癸字，俱吉。

西四位艮宫相生人：艮宫为正福德宫，一切门房井灶等项，皆从艮起。法曰：艮六绝祸，生延天五。

一、定福元宜居西房西楼，俱上上吉。北房西间、东间，亦吉。南房西间亦可居。但房之中间未善耳。北房中一间谓之五鬼，南房中一间谓之六煞。

一、定宅宜住坐北向南坤门宅，坐南向北乾门宅，坐南向北艮方丑字门宅，坐东向西坤兑乾门宅，坐西向东艮方寅字门宅，亦上吉。

一、定门宜走西北乾方亥字戌字天乙门，西南坤方未字申字生气门，俱上吉。东北艮方丑字寅字福德门，亦吉。但不宜正当艮字。别法谓之鬼门。

一、定宅中所行路，宜由西方，大吉。

一、定井宜在西南长生位，大吉。

一、定厨灶宜在宅东方乙字，上大吉。

一、定碾磨宜在宅正南祸害方，正北五鬼方，大吉。

一、定牛马栏宜在宅西南生气方，大吉。

一、定放水宜在南方丙字丁字，俱上吉。

西四位兑宫相生人：兑宫为正福德宫。一切门房井灶等项，皆从兑起。法曰：兑生祸延，绝六五天。

一、定福元宜居西房西楼，上吉。次居北房西间，生气贪狼；南房西间，天乙巨门；北房东间，延年武曲，亦吉。但房之中间未善耳。北房中间祸害，南房中间五鬼。

一、定宅宜住坐北向南坤门宅，坐南向北乾门宅，俱上上吉。坐南向北艮方丑字门宅，坐东向西坤门乾门兑门宅，坐西向东艮方寅字门宅，亦上吉。

一、定门宜走西北乾方，亥字戌字生气门，西南坤方未字申字天乙门，上吉。次定宜走东北艮方，丑字寅字延年门，亦吉。但不宜正当艮字。别法谓之鬼门。

一、定宅中所行路，宜由西方，上吉。

一、定井宜在西北方长生位，大吉。

一、定厨灶宜在北方癸字，大吉。

一、定碾磨在正东方绝命破军，正南方五鬼廉贞，吉。

一、定牛马栏宜在西北方生气贪狼，大吉。

一、定放水宜在南方丙字丁字，上吉。

西四位宅图

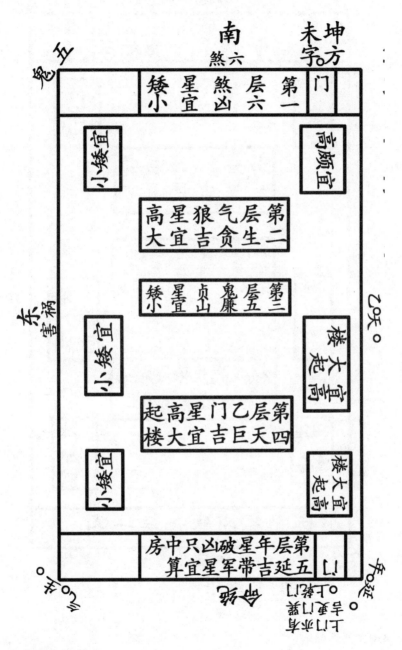

坐北向南坤门宅。

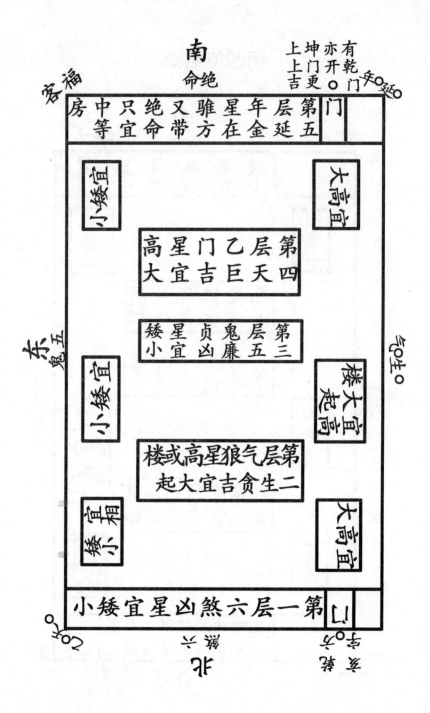

坐南向北坤门宅。

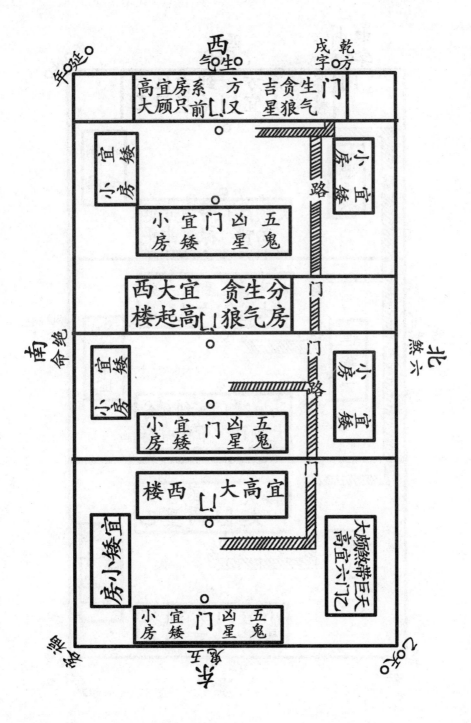

坐东向西乾门宅，截路分房要紧。

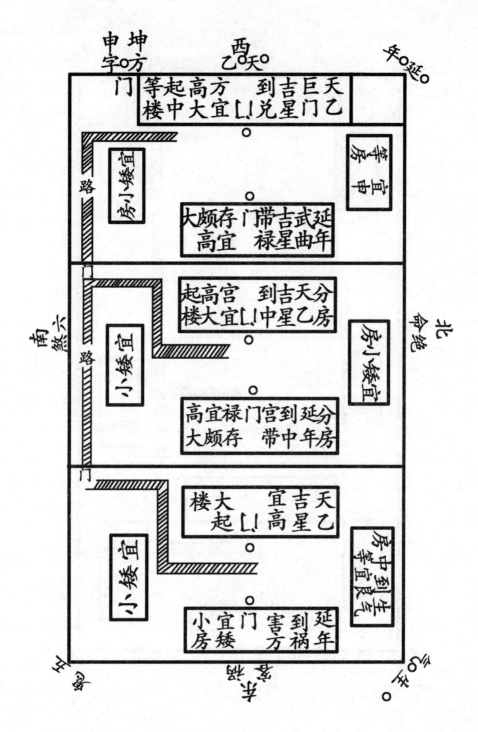

坐东向西坤门宅，截路分房要紧。

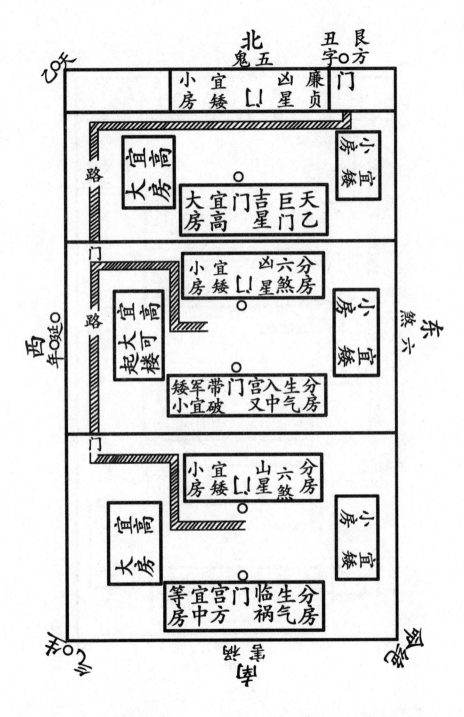

坐南向北艮门宅，截路分房要紧。

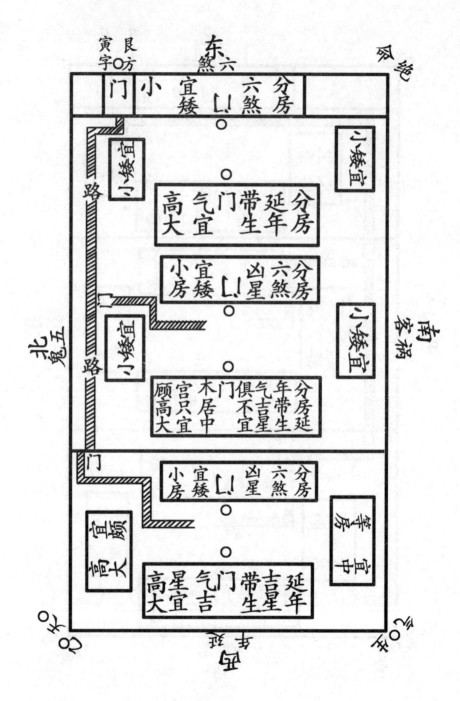

坐西向东艮门宅，截路分房要紧。

阳宅十书卷二

论大游年第三

天上九星，为地下之九宫，司人间祸福，其应如响。然吉星惟三，凶星乃六。若吉星不得地处，亦皆反凶。益见求福之难，免祸之不易也。若不精术慎造，焉得乎吉。故论大游年第三。

乾六天五，祸绝延生。坎五天生，延绝祸六。

艮六绝祸，生延天五。震延生祸，绝五天六。

巽天五六，祸生绝延。离六五绝，延祸生天。

坤天延绝，生祸五六。兑生祸延，绝六五天。

吉星三

生者，生气星、贪狼星也。　　　　　一木

延者，延年星、武曲星也。　　　　　一金

天者，天乙星、巨门星也。　　　　　一土

凶星五

祸者，祸害星、禄存星也。　　　　　二土

六者，六煞星、文曲星也。　　　　　一水

五者，五鬼星、廉贞星也。　　　　　一火

绝者，绝命星、破军星也。　　　　　二金

辅弼者、一名伏唵互重房也。　　　　二木

兴废年

生气辅弼亥卯未，延年绝命巳酉丑，天乙禄存四土宫，五鬼凶年寅午戌，六煞应在申子辰。

大游年方位十二宅

坐北向南离门宅

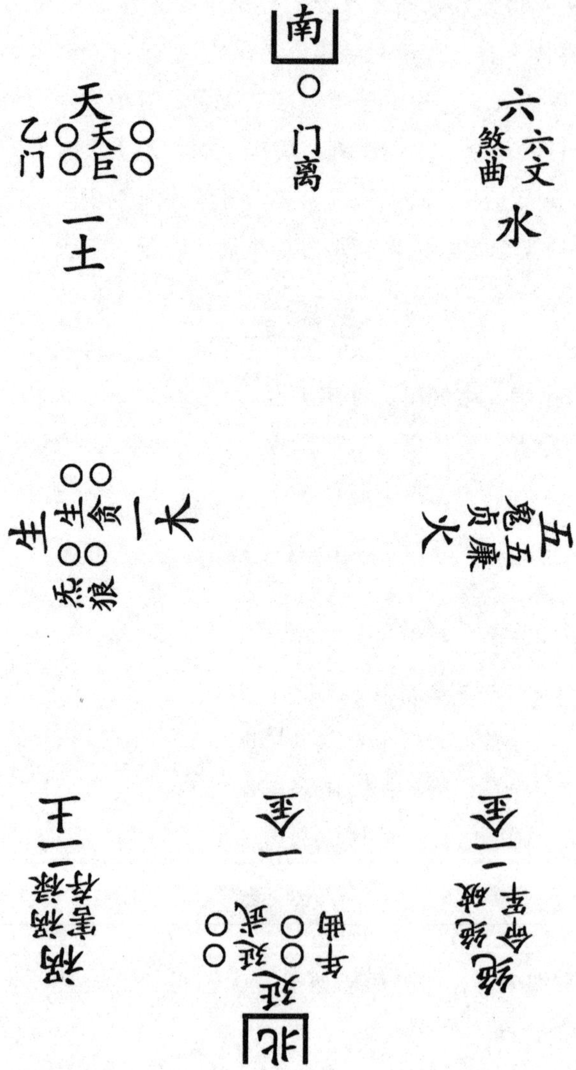

南
门离

六
六文
煞曲
水

天
天乙
巨门
土

生
生炁
贪狼
木

五
鬼五
廉贞
火

北

坐北向南巽门宅

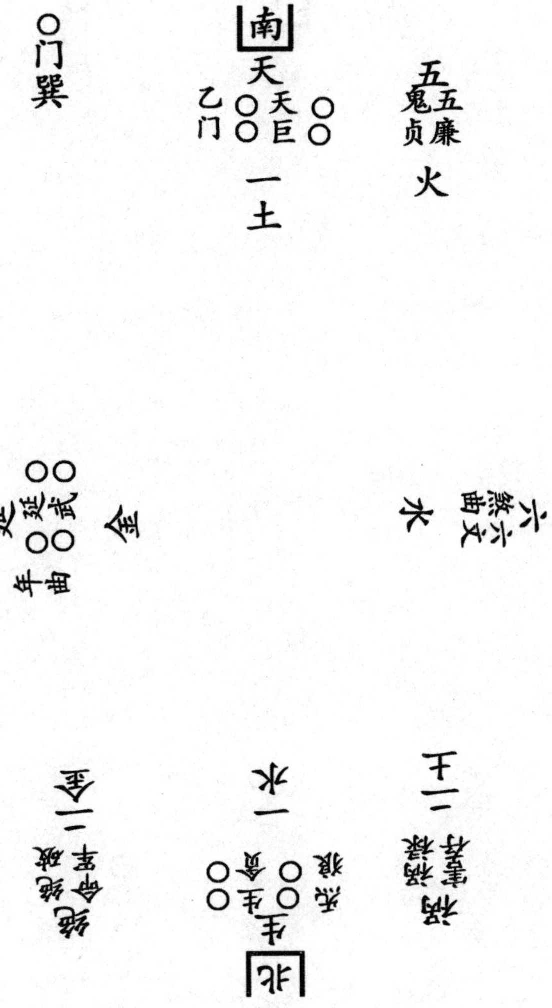

○门巽

南
天　天巨
乙门　一土

五鬼贞　五廉　火

延延曲武　金
车曲

六破六
曲文　水

金　水　土
北

坐北向南坤门宅

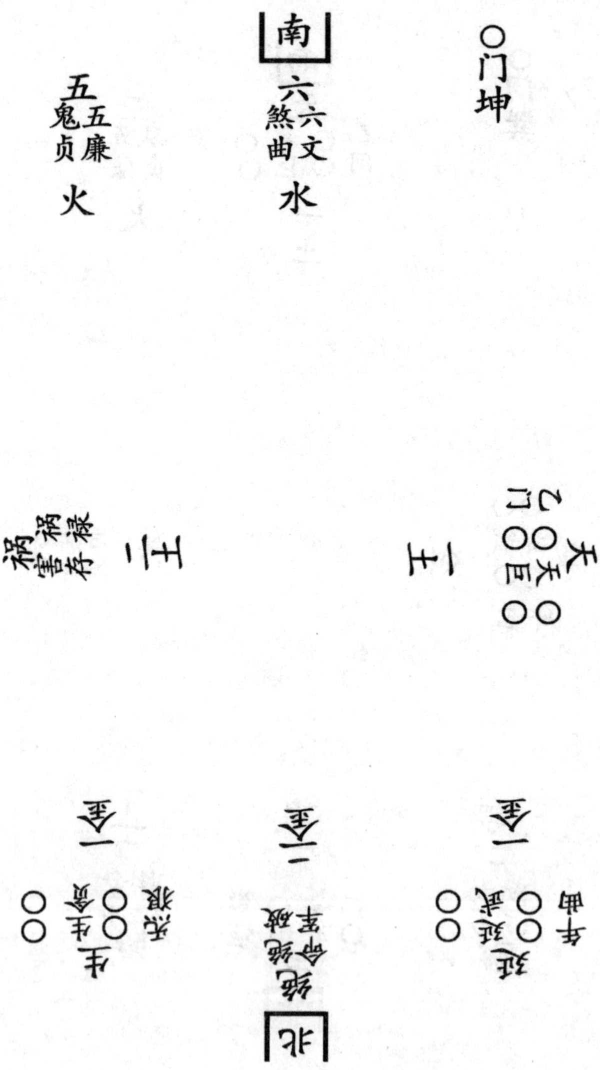

南
六文曲
六煞
水

五廉
五鬼贞
火

○门坤

坐南向北乾门宅

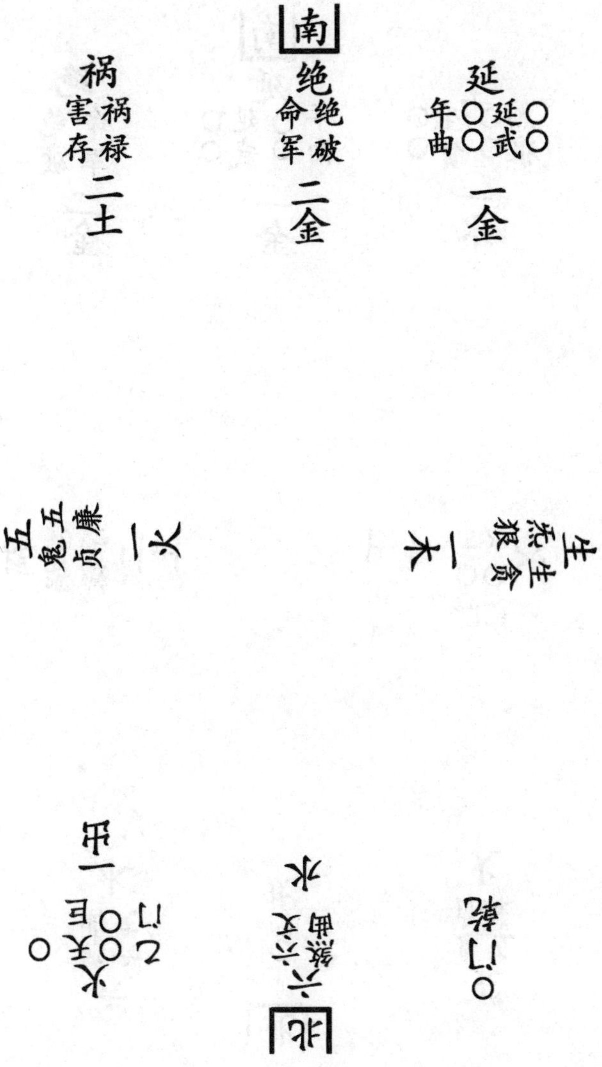

南

延年延武曲 ○○ 一金

绝命绝破军 二金

祸害祸禄存 二土

生气生狼贪 一天

五鬼五贞廉 一火

坐南向北坎门宅

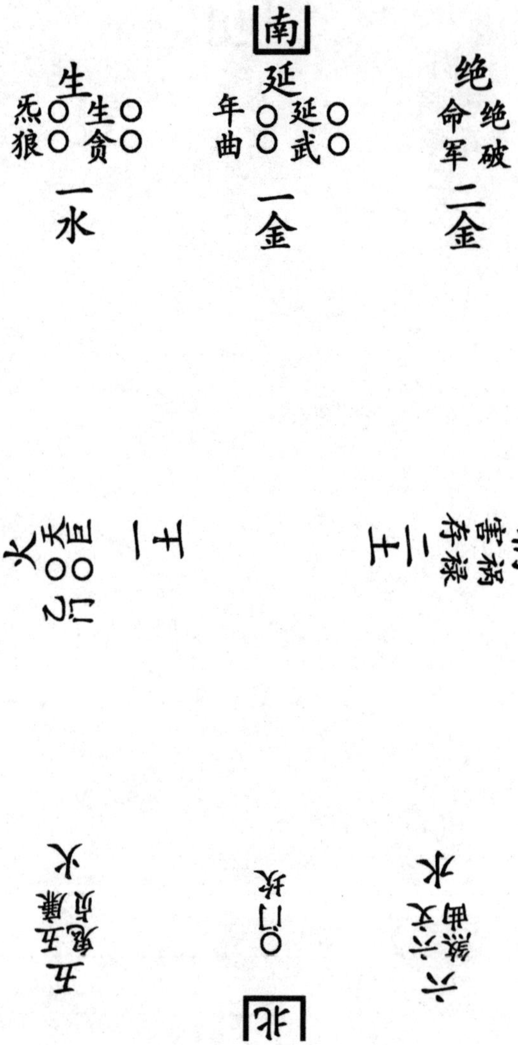

南

绝破
绝命军 二金

延年曲
延武 一金

生
生贪
愆狼 一水

祸害
禄存 三土

天○三吉
干一

火○○巳

北

86

坐南向北艮门宅

南

绝命军 绝破 二金　　祸害禄存 祸害 二土　　生贪 炁狼 一木

文曲六煞 火　　水　　延武 军曲 延武 一金

门口 ○　　五鬼 廉贞 火　　天乙 巨门 二土

坐东向西坤门宅

东

生　　　　　祸　　　　　五
○生○　　　祸害　　　　鬼五
炁○贪○　　祸禄　　　　贞廉
狼○　　　　害存
　　　　　　存禄

一　　　　　二　　　　　火
木　　　　　土

绝　　　　　水　　　　　六
绝命　　　　　　　　　　熬六
星破　　　　　　　　　　曲文
破军　　　　　二　　　　文曲
　　　　　　　金

一　　　　　一　　　　　坤山○
　　　　　　　　　　　　　
○延○　　　乙○天○　　　
甲○年○　　门○医○
　　　　　　　西

坐东向西兑门宅

坐东向西乾门宅

坐西向东震门宅

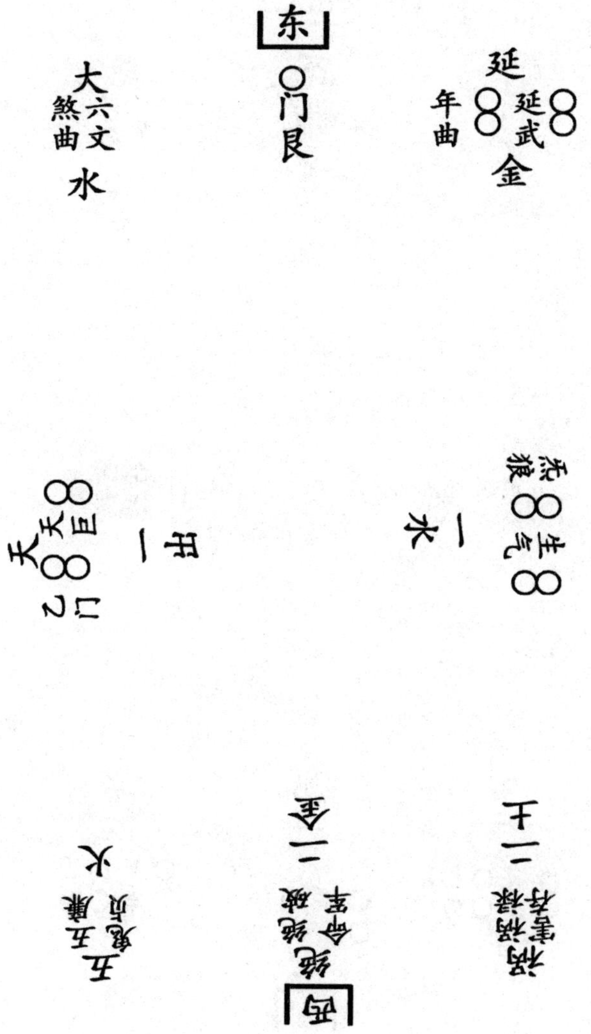

东

门 艮
○

延 延武 金
年曲
○
○
○

大六文
煞曲

水

生○气
狼○
水

天 天
乙 巨
○ ○
乙

甲
一

坐西向东艮门宅

东
六
六煞
文曲
水
绝
绝命
破军
二金
○门
艮
五
五鬼
廉贞
火
祸
祸害
禄存
二土
西
延
延年
武曲
一金
生
生气
贪狼
一木
天
天乙
巨门
一土

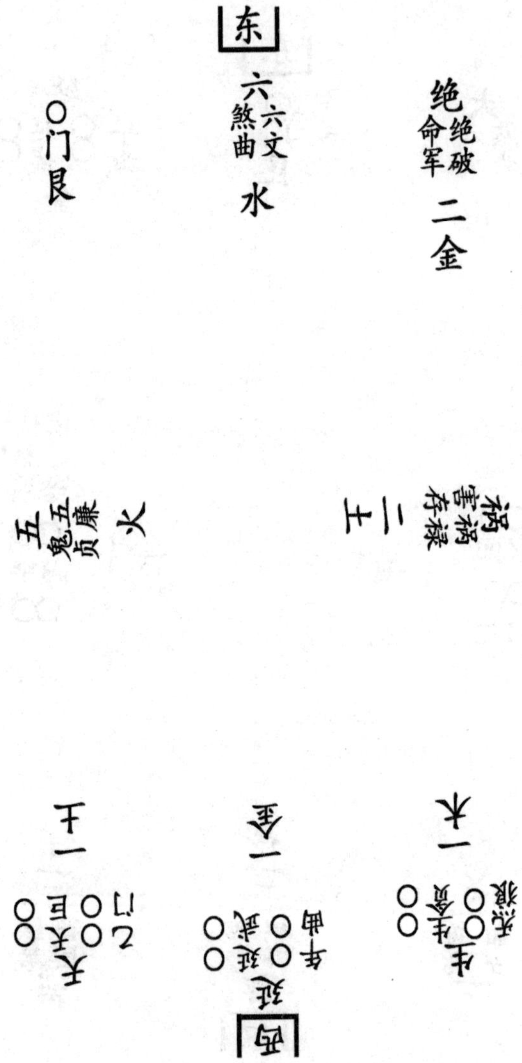

坐西向东巽门宅

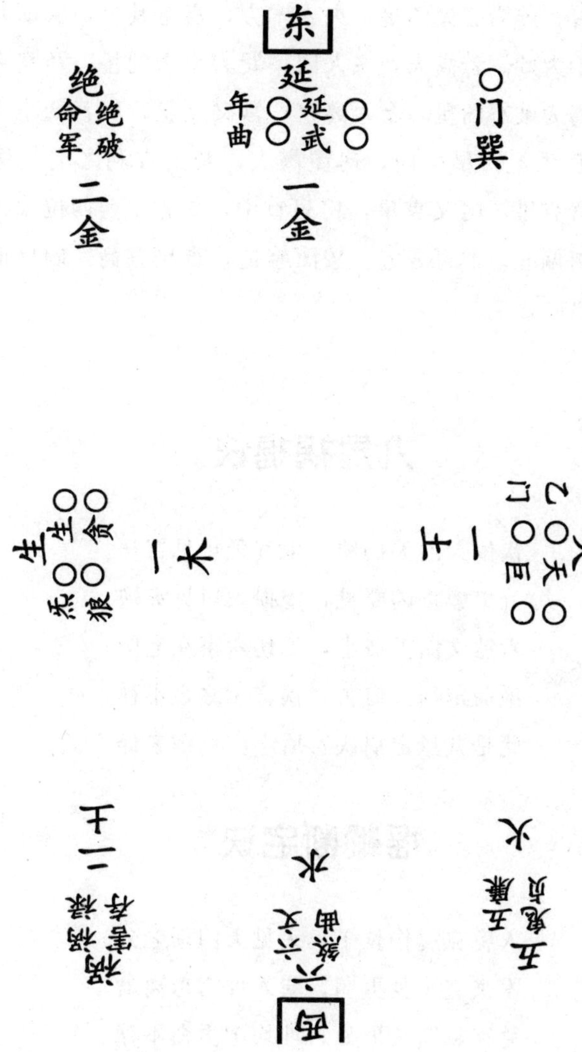

东
延 延武 一金
年曲

绝 绝破 二金
命军

○○
○○

○门巽

乙 天
门 ○○
巳

土 一

木 一 贪狼
○○ ○○
午

火 一 武曲
甲庚

天 巽乙
大 门

水
巽甲 巳壬

火
土

十二 甲贪狼
破军

图说

　　凡宅舍按大游年，以周围八方主之。如乾上开门，坎为六煞凶星。虽得其位，房不宜高大。艮为天乙吉星，此房若有高大房屋，星得其位，又生乾门，主大吉。震为五鬼凶星。火入木方，宫生其星，反助其凶，又克乾门，房若低小为妙。若高大，主大凶。巽为祸害凶星，乃宫克其星，房若低小无凶。离为破军凶星，金入离宫，宫又克星，房若低小无害。坤为延年吉星，乃宫生星，星生门，房屋高大，乃大吉利之宅。兑为生气吉星，星虽吉，宫克星，门又克星，房只宜中，主吉。西四位生人，须宜西方西楼，稍偏南偏北，俱可入宅。按图修造，吉星宜高，凶星低小，乃富贵绵远，子孙兴旺之宅。

九星祸福诀

伏位天乙无祸殃，生气延年见吉祥。
五鬼廉贞凶要见，定损人口见灾殃。
六煞文曲壬癸水，见伤六畜在宅中。
绝命定损人口苦，祸害见之定不祥。
此是九星定祸诀，后学广览细参详。

摇鞭断宅诀[①]

入乾克震伤长子，火见天门损老公。
木来克土少男弱，巽入坤宫母离翁。
兑克震巽长男死，坤坎中男命不存。

---

① 只论气口与房方位高卑，不论装卦爻之先后，但初起不可犯凶星。

离乾老公主不久，巽坤老母寿难丰。

坎艮小口多疾病，离艮阴人搅家逢。

艮震坠胎伤人命，艮巽风病主不长。

离兑火光伤少女，产痨咳嗽病重重。

贪狼不入乾兑宫，长子先亡损老公。

田蚕财宝无人管，寡妇堂前放哭声。

巨门不入震巽宫，先损家财后伤人。

巨门临到少男位，禄存受克损阴人。

文曲交入坤艮宫，主伤妇女有逃宗。

艮克文曲伤男子，坤克文曲损女人。

坎宫受克中男死，水宫土到入黄泉。

父母双全儿孙灭，寡妇房中受熬煎。

震宫受克武破军，长子先损后亡身。

儿孙辈辈先亡父，寡妇家财定无人。

武破临巽长妇亡，无妻寡妇守空房。

子孙辈辈先亡母，阳旺阴衰死婆娘。

离宫最忌文水凶，阴人先次产痨空。

水火相煎无财宝，败散妻子损人丁。

艮宫木克子孙稀，五男又险二人归。

肿病少亡无休歇，儿孙后代受孤恓。

乾宫受克火来侵，家长痨病去年尊。

老母堂前多带孝，儿孙去妇数年春。

廉贞不入坎水宫，奔井投河远乡人。

长子颠狂贼盗险，军兵苦死落他人。

坤宫老母木相逢，肿病肚胀又残聋。

子孙辈辈先亡母，损妻伤妇产痨凶。

兑为少女怕廉贞，产痨先次损阴人。

喘女咳嗽多痨病，火金相克不容情。

辅弼二木来乾兑，人口主灭家财退。

中宫木位最险凶，也须老母当家计。

五鬼制爻

鬼星入木爻相凶，口舌贼盗紧来通。
家中刁泼图喇汉，妻财老小不安宁。
小人口舌时时有，家中必定有灾迍。
鬼星入火是本宫，比合鬼星进宅中。
田宅财宝无人管，阴旺阳衰妇主门。
六畜生癫财不旺，家中长有寡居人。
鬼星在金不安康，官灾六畜有损伤。
少女阴人灾星至，火光盗贼紧连连。
宅上邪鬼入宅院，不久家中闹喧喧。
鬼星入水少年亡，水火相煎闹攘攘。
退财失火年年有，六畜倒死在栏房。
四季常逢人口闹，田宅口舌官灾连。
鬼星入木位相生，星中克土不安康。
猫狗不在逃走去，少年老母常病生。
瘫痪鬼冲病缠身，宅中必出瘫痪人。
坤离巽兑纯是阴，寡妇宅上闹峥嵘。
阴克阳时灾星至，阳旺阴衰妇女空。
六畜不旺田蚕见，夜梦颠倒一场空。
伏阴衰阳噎疾病，大小人口有灾迍。
儿孙辈辈克伤父，寡妇房中受熬煎。
亲人争的田土去，阴人受气泪连连。
痨嗽家长心害怕，不久时时见阎君。
乾坎艮震纯阳宫，先吉后凶在宅中。
阳旺阴衰落胎病，小口个个女人空。
六畜宅上频声叫，田蚕财宝不能兴。
三年九岁却还贫，伏阴还阴噎食病。
大小人口有灾迍，老公宅上正不见，

重聚阴人在宅中。

五鬼点头

一鬼逢金杀子孙，定损牛羊火光生。
逢阳伤阳阳不旺，逢阴伤阴阴不兴。
年年田蚕皆不吉，岁岁六畜损伤凶。
二鬼逢水病疾多，家中忤逆不安和。
年年上下熬煎苦，堪堪不久见阎罗。
三滞伤风到土间，家中阴人专主权。
孙子不和生奸狡，终成绝败苦难言。
金至火宫两熬煎，定生邪魔宅内缠。
老公离母胡生事，人财败散苦连连。
内克外爻贼不来，外克内爻伤主多。
金木凶死病颠狂，水火相交每岁煎。
木土定加伤脾胃，火金房蛊祸相缠。
相生富贵相通旺，相克祸败痛灾侵。

五鬼穿宫

廉贞入乾兑，小口定灾伤。重重损五口，家中不安康。
廉贞入水乡，次子遭灾殃。长子小口死，累累病多伤。
廉贞震艮间，每岁盗贼连。家中财失散，每岁受熬煎。
廉贞到本宫，每岁二房荣。长男权柄事，合家富贵亨
廉贞入巽坤，六畜损伤痛。西南损五口，东北伤二人。

破军凶煞

破军不可见金官，比合虽有不为荣。
子孙多病无安泰，宗嗣绝时家亦倾。

破军见水阴人盛，每岁蚕丝不见成。

辈辈儿孙多少死，每岁熬煎定灾殃。

破军见木长男亡，后来绝败坏家声。

生分忤逆抛家业，连绵疾病不安康。

破军见火次女亡，无妻寡汉坐空堂。

男儿辈辈先劫火，岁岁家中有灾殃。

九星断宅

六煞阴人死，走狗火焚庄。官事六畜损，阴人不久常。

相生贼火有，犯克也不祥。天乙是福神，建宅三子生。

相克死二子，置田三段成。善人家中有，念佛好看经。

花蛇入宅吉，百事称心情。五鬼乱火贼，阴人少有伤。

家中小口命，是死五口人。贼火伤五次，点点暗三场。

赤蛇号头公，家中见不祥。祸害阴人死，见死有三人。

风病兼秃瞎，家中怪梦惊。弟兄多不和，虫蛇入宅中。

相生祸事少，相克定见凶。绝命生凶星，长房有灾迍。

明五暗六盗，三火九伤人。红花蛇虫见，家内不安宁。

延年号武曲，小房多发积。白蛇入宅中，刺猬多大吉。

生产必是男，遇克多受制。其家渐渐兴，小口多灾病。

生气贪狼星，五子在宅中。其家人口有，青蛇入宅中。

万事多大吉，生财渐渐兴。相生多称意，相克半中平。

九星明断诀

贪狼清高富贵，身荣广置田庄。

妻贤子孝有余粮，子孙聪明俊爽。

儿孙及第状元郎，辈辈为官出相。

巨门美貌端正，妻贤教厚文章。

田蚕万倍有余粮，文官良工巧匠。

也出高僧高道，牛羊骡马成行。

堪堪金榜选名扬，直至为官拜相。

禄存喑哑疯痴，头秃眼瞎残疾。

人丁离散走东西，家产钱财不聚。

遭刑自缢离祖，肿病腰腿难医。

舍居守寡受孤危，小房渐渐逃去。

文曲逃移疾病，事乱落水交杂。

田蚕败散绝根芽，不免妻儿守寡。

遭刑自缢离祖，钱财一似风砂。

生灾小口不荣华，累年渐渐消乏。

廉贞出贼颠疯，长房在外作凶。

投军不止更迁民，妇女离乡外聘。

吐血瘟瘟疾病，田宅破散无踪。

赌钱吃酒不顾身，累年渐渐逃奔。

武曲子孙大旺，辈辈文章聪明。

妻贤子孝敬双亲，男女个个端正。

小房荣华到老，为官渐渐高升。

破军少亡苦死，田宅却与别人。

长房小房受饥贫，疥癞疔疮残疾。

军寇盗贼不止，更迁别处为民。

义儿女婿拜坟茔，奔井投河缢刃。

辅弼二星作乱，阴人寡妇当家。

更兼盗贼定生涯，师婆端公邪法。

田宅祖业不守，父南子北离家。

外郡迁居乱如麻，祸福阴阳造化。

五行生克诀

金入木宫

金入震巽，金为星，震巽为宫。金在上，木在下，是星克宫。身稍受克。金入震宫伤长男，金入巽宫伤长妇。金木凶死生，颠狂之疾，筋骨疼痛，腰腿生痛。金克震，多喘痨，男多凶死；金克巽，主咳嗽，妇人眼患。不论武曲破军。

金入水宫

金入坎，金为星，坎为宫。金在上，水在下，是星生宫。金能生水，主兴隆人口，平安福禄，增资财进，盛六畜，茂儿孙繁衍。此指武曲而言，若是破军，凶多吉少。

金入火宫

金入离金为星火为宫。金在上，火在下，是宫克星，发凶尤甚。根身受克，资财速退，家业空虚，子孙绝败。乾金入武曲，俱伤阳。兑金与破军，俱伤阴。主生痼疾、咳嗽、喘闷，妇人产痨、血崩，盖因火能炼金，家不从容，人多疾病。

金入土宫

金入坤艮，金为星，土为宫。金在上，土在下。是宫生星，土能生金，家业兴，人财两样永兴隆。生男有四，儿孙茂，后代兴旺百千春。土能生金，入阴土终必埋没，反无生意。

金入金宫

金入乾兑，武曲破军为星，乾兑为宫。武曲入乾兑，二宫是比肩。资财增盛，六畜繁衍，人口平安。武曲入乾兑，俱是阳，入阴宫，多生男。破军入乾兑，多主凶事，财帛退散，六畜损伤，田蚕虚耗，绝嗣覆宗，子孙败亡，寡妇当家多疾，女人重阴入阴哭声吟吟。男孤女寡子孙无踪。

木入金宫

乾兑为宫，贪狼木为星。木入于乾兑，是木在上，而金在下，乃宫克星。根身受克，木入乾宫伤阳，木入兑宫伤阴，贪狼虽吉不吉，不宜入乾兑内。先吉后凶，相克半中，平之谓也。三十年后人财退散，男女主生痈滞、咽喉病痛、心胸膨闷，或自缢。或吐血，寡妇峥嵘。筋骨疼痛，腰脚之灾。木被金克，瘦痨黄瘅之患。

木入木宫

震巽为宫，贪狼为星。木入木宫，是贪狼。其家兴旺，广进田庄，子孙繁衍，家道茂盛，人口平安，百事顺利。

木入水宫

坎为宫，贪狼为星。贪狼入于坎宫，木在上，水在下，是宫生星，木水养。根身茂盛，主生五个儿郎，钱财大旺，六畜兴旺，田蚕倍收，粟米盈仓，永膺吉庆。贪狼一木是福星。又逢坎，水必亨通。六畜资财生意广，儿孙茂盛益绳绳。

木入火宫

离为宫，木为星。木入离宫，是木在上，而火在下。乃星生宫，田蚕兴旺，人口平安，资财茂盛，六畜盈栏。木虽生火，又恐火旺，盖是木上火下，则必烧尽木根而绝嗣，此又不可不知。

木入土宫

坤艮为宫，贪狼为星。贪狼入于坤艮，宫是木在上，土在下，乃星克宫。身稍受克，其家财物渐渐消退，土被木克，脾胃相伤，噎转病症，人多瘦弱面黄，六畜不旺，田蚕不收，又主疥癞之疾。

水入金宫

乾兑为宫，文曲为星。文曲入于乾兑宫内，水在上，金在下，是宫生星。六煞主事，六煞虽凶，其宫相生，资财六畜，始顺利而终绝败。阴人主事，乱业胡为，官司口舌，阴症相随，妇人多病。

水入木宫

震巽为宫，文曲为星。文曲入于震巽宫，水在上，木在下，是星生宫。六煞虽凶，吉星相顺，六畜亦旺，资财亦兴，人口亦安，田蚕亦盛，厥后不免寡妇当家。

水入水宫

坎为宫，文曲为星。文曲入于坎宫，是水入水宫。壬癸太重，家业飘零，男早丧，子孙稀，水蛊疾病肚肠，肿面皮黄，子孙漂蓬，六畜倒死，田宅虚耗。

水入火宫

离为宫，文曲为星。文曲入于离宫，水在上，火在下，是星克宫。名为水火相煎。官司口舌，邪鬼为殃，贼盗火光，六畜倒死，家业空虚，人口灾害，先伤中男、中女，后死小儿。老母眼目昏。火遭水克，产痨病，肾水伤身，水来克火、多主肾冷，因火被水，克火。连心痛、血崩疮。水制火，伤吐浓血，咽喉暗哑、绝妻损子。

水入土宫

坤艮为宫，文曲为星。文曲交入坤艮宫中，水在上，土在下，是宫克星。根身受克，六畜倒死，钱财不旺，田蚕不收，官司贼盗，人离财散，百灾竞起。土克水，风狂灾，面色痿黄，或瘦痨、腹肿之患，或噎食水蛊之灾。人口逃移。交入坤宫，主伤妇女。交入艮宫，主伤男子。水入坤，从阴入阴，哭声吟吟。水入艮，从阴入阳，哭声忙忙。家业败，子逃亡。

火入金宫

乾兑为金宫，廉贞为火星。廉贞入于金宫，是火在上，金在下，乃星克宫。入于兑宫，先伤少女，五鬼势恶，主有心痛，咳嗽，血光，肺痨之患。面色黄干产痨死。入于乾宫，多伤家长，官司刑陷，血光横死，金被火伤，口舌是非，火金相克不从容。

火入木宫

震巽为木宫，廉贞入于震巽中。火在上，木在下，是宫生星，但廉贞势大，木虽生火，不见吉祥。反招凶。主田宅退散，盗贼连连，忤逆凶徒，上下不顺，资财耗散，老幼不安。木能生火反不生，身稍受克，祸频频，官司口舌，年年见，吃酒行凶打死人。

火入水宫

坎为水宫，火入水宫。火在上，水在下，是宫克星，譬如一点飞雪入红炉，点到即化定无余。资财大散家业破，火光事去又复来。人口灾害官事叠，见火遭水克眼疾。病心痛、吐血、产难、禁下元冷。水制火，伤瘦痨、病吐脓，先亡中男、少男，次亡家长。水火交战灾竞起，重重寡妇闹峥嵘。

火入火宫

离为火宫，廉贞星入于离宫。火焰腾发凶尤速，六畜田蚕不旺，阴人寡妇当家，心痛吐血火烧家。疥癞疮疾难化，中女阴人多病家，长痨病交杂。此合鬼星管事，人人破财离家，寅午戌年绝根芽。此是鬼星造化。

火入土宫

坤艮为土宫，廉贞星入于坤艮宫中。火在上，土在下，是星生宫。但火为五鬼凶星，多凶少吉。火星入坤，老母先亡。火星入艮，少男辞世，瘫痪缠身，疮痢多移，庄田退散，六畜逃失，奴走难寻，家业凌替。

土入金宫

乾兑为金宫，巨禄为土星，入于乾兑宫甲，土在上，金在下，是星生宫。但土有不同，禄存为阴土，土虽生金，戊已多终必埋没。田蚕不旺，财帛不兴。祸害入兑阴人死，祸害入乾男子亡。若是巨门星入于乾兑宫中，资财大旺，六畜繁兴，田蚕茂盛，子孙振振。

土入木宫

震巽为木宫，土星入于木宫，土在上，木在下，是宫克星。根身受克，灾害必重。禄存受克伤阴人，巨门受克，伤男子。家业零替，牛羊倒死，田蚕不收，人口灾害。巨土受克肿蛊残噎，病盲聋，脸面黄，脾土不和，胃气冲心。禄存受克，风病难动履，耳聋兼秃瞎。

土入水宫

坎为水宫，土入坎宫。土在上，水在下，是星克宫。星宫不顺，身稍受克。家业飘零，子孙亡败，六畜倒死，田蚕虚耗。土来水宫，风病之灾，面色黄瘦，痨腹肿，病难当失言暗哑，噎食，病水蛊，病生黄肿，灾脚痛腿疼难医治，耳聋伤肾病难挨。

土入火宫

离为火宫，土入火宫。土在上，火在下，是宫生星。星宫相顺，富贵资财，钱财大旺，六畜茂兴。田蚕倍收，米谷盈仓。火能生土，福绵绵，牛羊孳畜遍山冈。人口平安常吉庆，后代儿孙广进田。此指巨门土，说若禄存土，凶多吉少。

土入土宫

坤艮为土宫，巨禄星到坤艮，是土入土宫。巨土到艮伤少男，到坤伤老母，禄存到坤艮俱伤。阴土生万物，号为财土入土宫。重土埋，资财耗散人多病，少年老母立见灾。土多必主噎转膨胀之灾，土虚必有残疾之病。天有九星，地有九宫，星宫相生，主富贵资财，人丁豪旺。星宫相克，主人口不利，资财不兴，主凶。

论穿宫九星第四

大游年既主方位，又主层数。方位虽吉，而层数之中，若宜高者下，宜下者高，则凶者固凶，而吉亦变凶。此不可不为之亟论，故论穿宫九星第四。

附：截路分房说

近世术者，概以大门定宅吉凶，不知大门止是游年一节。宅中所居，祖孙、父子、兄弟、男女众多，其祸福岂一大门能定？此截路分房之法所关，最为切要。其法凡宅中有墙隔断，墙间开有门，其九星即当从此处起，与别院并无关涉。且如大门在巽，仪门在离，则游年与穿宫俱从离起，游年则数离六五绝、延祸生天，穿宫则离门四正属金，进门第一层房属六煞，第二层房属贪狼，与仪门外绝不相关，余仿此。故一宅之内，各分各院，各取吉凶，此宅法中第一紧要之诀。今穿宫图虽列于后，惟自其无墙无门隔断者，大略开载之耳。若凡有墙有门隔断，则更端别起，故截路分房法当与穿宫法变通应用，学者慎详。

若房层数中间，但有门墙隔断，即以截路分房论。

穿宫十二宅图

坐南朝北开乾门图

图说

坐南向北开乾门者，若得第二层、四层、五层房屋高大，乃为吉庆。财禄大发。若得艮坤二方房屋高大，富贵久远，子孙茂盛。若头一层房朝内开门，宜就前图层数论。若头一层房俱朝外开门，当以二层起六煞，三层起贪狼，四层起五鬼，五层属天乙，六层属延年，后仿此。

坐南朝北开坎门图

南

巽	巳	丙午 丁	未	坤申
辰 乙	宜高 武曲 金 延年 六			申
乙	宜高 巨门 土 天乙 五			庚
震	宜低 廉贞 火 五鬼 四			兑 言祸
甲	宜高 贪狼 木 生炁 三			辛
寅	宜低 文曲 水 六煞 二			戌
丑	宜中 金 一			亥 乾
	癸 坎门壬 （坎门属四正金）			

北

图说

坐南向北开坎门者，乃水火不相射。因坐上含延年吉星。若得三层五层房高大，主世出魁元，子孙兴旺，富贵之宅。

此宅贪狼乃吉星。喜高大，但不宜贪狼木星在宅之中宫，有犯木入中宫反不吉也。须以截路分房，或向南多盖几层，活法处之。务令贪狼不属中宫，乃可耳。

坐西朝东开艮门图

西

	申	庚酉辛		戌	乾亥
未		宜交低 六曲 木 六煞			亥
丁		宜武高 曲 土 延年五			壬
午离绝命		宜巨高 门 火 天乙四			坎鬼五
丙		宜廉小 贞 木 五鬼三			癸
巳		宜贪高 狼 水 生炁二			丑
巽巳绝命	辰	宜文低 曲 金 六煞一			艮
		乙 震煞六 甲	寅	

东

门

图说

坐西向东开艮门者，乃土金相生。主男女夫妇和合，为生合之妙。若得二四五层房屋高大，及乾兑方房高大，主富贵不可言。子孙茂盛，六畜牛羊大旺。但艮方为鬼门，只宜在丑寅字上开，不宜正当艮字。若头一层房朝里开门，就依前图层数，若头一层房俱朝外开门，当以二层为六煞，三层为贪狼，四层为五鬼，五层属天乙，六层属延年，后仿此。

坐西朝东开震门图

西

宜高 武曲	木 延年 六			
宜高 巨门	土 天乙 五			
宜低 廉贞	火 五鬼 四			
宜高 贪狼	木 生炁 三			
宜低 文曲	水 六煞 二			
宜中	金 一			

坤　申　庚酉辛　戌　乾

未　丁　长生　丙　巳

巽辰延　辰　乙　震山○门　甲　寅　艮　六煞

金

亥　壬　坎乙天　癸　丑

图说

坐西向东开震门者，若得三层五层房高大，及离方房高大，主吉祥富贵之兆。此宅贪狼乃吉星，宜高大。若正居中宫，恐是木入中宫，宜详之。

坐北朝南开巽门图

图说

坐北向南开巽门者，水木相亲若修一二四层，及离坎二方房高，大发富贵，子孙万辈兴旺。

坐北朝南开离门图

南
山

南					
巽乙	巳	丙离门 ○	丁	未	坤火害
辰		中宫 一	酉		申
乙		二 离震水兑			庚
震生		三 离坎水兑			兑鬼五
甲		四 离坎水兑五			辛
寅		五 离乙门 甲六			戌
艮祸	丑	癸 坎年延 门壬	亥		乾绝命

北

图说

坐北向南开离门者，水火既济，男女荣贵，夫妇和谐。若得三五六层，及坐上高大房屋者，吉不可言。再得坎巽二方房屋高大，极富贵之兆。

坐东朝西开兑门图

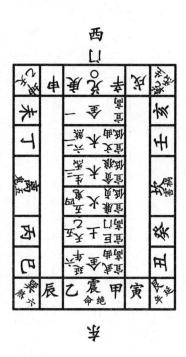

图说

坐东向西开兑门者，若得一层、三层房屋高大，再得五层六层房屋高大，主大富贵。若坤方天乙巨门土星房高，兼艮方武曲延年金星房屋高大，俱大吉利之宅。

坐东朝西开坤门图

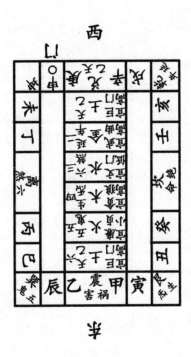

图说

坐东向西开坤门者，土木相亲。内含六煞五鬼凶星。若得一二层四层六层房屋高大，又兼乾兑二方高大，主富贵平安，财畜大旺，子孙茂盛。

坐北朝南开坤门图

南

北

图说

坐北向南坤门者，若得二层四层五层高起，及乾兑方房屋高大，富贵福利之宅也。

坐北朝南开艮门图

南

巽	巳	丙午丁坐 午	未	坤
辰	宜低 廉贞 火 五鬼六			申
乙	宜高 贪狼 木 生炁五			庚
庚癸六	宜低 文曲 水 六煞四			兑延年
甲	宜高 武曲 金 延年三			辛
寅	宜高 巨门 土 天乙二一			戌
艮	宜低 廉贞 火 五鬼一			乾乙癸
丑门	癸 坎门 鬼五	壬	亥	

北

图说

坐南向北开艮门者，火土相生。若得二层三层五层高大，及乾兑方高大，皆为福利之宅也。

坐东朝西开乾门图

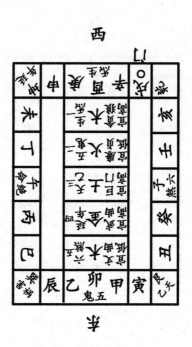

图说

坐东向西开乾门者，宜三四五层起高房，及坤兑二方高起，皆为福庆之宅。

坐东朝西开巽门图

西

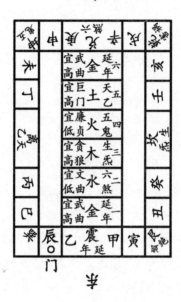

图说

坐西朝东开巽门者，宜一层三层五六层高大，及离震坎方高大，皆为富贵之利宅。

但凡人家房屋有一进至十进者，必用穿宅之法。如头层水，二层木，三层火，四层土，五层金，五行相生，周而复始，层层生去。吉星宜高大，凶星宜低小，切不可凶星作高房，吉星作低房。若遇凶星房系急用住座，以截路分房活法盖之方可。若吉星在凶方亦不可高大。木在金方、土方及中宫，金在火方之类，是也。

论元空装卦诀第五

天地之理，惟最隐奥者，与最变通者，其主持祸福为最验。装卦爻诀，隐朕兆于无形，藏机缄于至变，乃天地之元机，深秘不可测者。

然其兆祸禳福，则如谷应声。故论装卦爻第五。

元空装卦诀

带去二爻呼，[①] 入宅为三相，[②] 气口返为初。[③]

其法以乾、坎、艮、震、东北二方房为四阳，为奇；巽、离、坤、兑、西南二方房为四阴，为偶。凡修盖东房北房一口，则画一阳爻；修盖西房南房一口，则画一阴爻。自东方北方而搬，亦画一阳爻；自西方南方而搬，亦画一阴爻。移向东方北方而住，亦画一阳爻；移向西方南方而住，亦画一阴爻。五爻画定，加门为初爻六画。二卦既成，须要阴卦配阳，阳卦配阴。不可二卦俱阳；是谓阳多必定伤妇女；不可二卦俱阴，是为阴多必定损儿郎。又不可合成凶卦，自有本经凶星，断例只要合成延年、生气吉星。所谓震阳一宅须巽配，坎宅须配离家乡，乾宅须配坤家主，艮宅须配兑家庄。等，若是也。此装卦法，全不用天乙、巨门吉星，盖乾至艮、坎至震等，虽合巨门，皆阳配阳，阴配阴，所以不可用也。任修盖房十座二十座，只以五座次序为上，五爻门为初爻，其余五座以前，俱除起不算，此所谓抽爻换象之法，或修旧，或创新，俱算一座。

---

① 此指搬移而言，自乾方移至巽，则先得一阳爻，后得一阴爻，自坤方移至艮则先得一阴爻，后得一阳爻。余仿此。

② 既移入宅所修第一口房，则为三爻。

③ 气口者，门也门为初爻，永不变更。

黄石公竹节赋

　　黄公祖师说宅元，一论分房二卦全，三论来路真根本，四论五行生克篇，五论爻象装成卦。初起一爻见的端，先见一阳临阴二，一阴临二却是阳，先房返卦初爻定，初阳返阴阴返阳，次选门路四爻法，看成何卦细推详，西四装东多不吉，[①] 东四装西也不祥。[②]

　　震阳一宅须巽配，坎宅须配离家乡。乾宅须配坤家主，艮宅须配兑家庄。

　　注曰：已上四句非作等闲看，全在巧番八卦，返复旋转，以定延年之吉，是谓修宅之要。

　　乾坤两见为延年，震巽两见为延年。

　　坎离两见为延年，艮兑两见为延年。

　　则四延年者，即人道之夫妇也。若修造越此配合之理，其种祸不浅，学者详之。

　　乾兑配成震巽卦，长男长女定遭殃。

　　注曰：乾兑金也，震巽木也。金能克木，况乾见震为五鬼廉贞星，见巽为祸害禄存星，二星俱凶。兑见震为绝命破军星，见巽为六煞文曲星，二星俱凶。震为长男，巽为长女，又被克制，又遇凶星，至会局之年月，必殃及长男女也。

　　震巽配成坤艮卦，少年老母在家丧。

　　注曰：震巽木也，坤艮土也。木能克土，震见坤为祸害禄存星，见艮为六煞文曲星，俱凶。巽见坤为五鬼廉贞星，见艮为绝命破军星，俱凶。坤为老母，艮为少男，又遇克制，又遭凶星，至会局之年月，必殃及老母少男也。

　　坤艮装成坎三阳，中男灭绝不还乡。

　　注曰：坤艮土也，坎水也。土能克水，坤见坎为绝命破军星，艮见坎

---

　　① 乾坤艮兑西四位。
　　② 震巽坎离东四位。

为五鬼廉贞星，俱凶。坎为中男，又遇克制，又逢凶星，于会局之年月，中男必灭绝也。

中男合就离家火，夫妇先吉后还伤。

注曰：坎为中男属水，离为中女属火，居卦中之夫妇也。坎离相见，虽是延年，终是火遭水克。故曰夫妇先吉，后还伤也。

中女合成天泽卦，老公少女在家丧。

注曰：离为中女属火，乾即天属金，泽即兑属金，火能克金，离见乾为绝命破军星，见兑为五鬼廉贞星，俱凶。乾为老公，兑为少女，又遇凶星，又遭克制，而于会局之年月，老公少女必受殃也。

见某年限并何月，乾兑申酉克木方。

注曰：或一宅修宅开门凶方，房立恶煞。卦体相伤，门房交克，其发凶知在何年月日也？若震巽之方遇凶星，受克于乾兑金，其发凶必在申酉年月。故曰乾兑申酉克木方也。

震巽旺相寅卯木，克了坤家少男亡。

注曰：震巽旺相，在于寅卯之方。夫坤艮受克于震巽之木，其发凶必在寅卯之年月日也。坤家土也，少子即艮土也，故曰克了坤家，少男亡也。

坤艮四季伤中子，坎若克火子亥当。

注曰：坤艮属土，土旺四季。夫四季，即辰戌丑未。中子即坎也，坤艮来克坎水者，其发凶必在辰戌丑未之年月日也。故曰坤艮四季伤中子。夫离火被坎水所克者，其发凶必在亥子之年月日也。故曰坎若克火子亥当。

离家巳午纯金怕，年限轮流见损伤。

注曰：离家火也。纯金，乾兑武破也。夫声火来破纯金，其发凶必在巳午之年月日。年限轮流，是金木水火土之交，克必在子丑寅卯辰巳午未申酉戌亥之年限轮流，见在损伤也。

阳多必定伤妇女，阴多必定损儿郎，阴阳配合家富贵，不须广览乱乖张。

注曰：凡相宅之法，阳房多必损阴人，阴房多必损阳人，装卦亦同。不过要均平而永远，富贵自然有。

此卦谓赤蛇入宅，或生此物者，亦是事事欠通。

第五合成六煞方，阴必先死后伤人，田蚕不旺遭官事，人口瘟瘴久占床。

　　注曰：六煞是文曲星，若人家大房坐此星，或合得此卦，凡事不利。

　　第六合成祸害中，一年半载损阴身，疾病连年多损害，又出疯瘫聋哑人。

　　注曰：祸害是禄存星，若人家大房坐此星，合得此卦，俱是不吉。

　　第七变成绝命卦，年年苦死小儿孙，瞎疯疾病常生发，田蚕买卖尽绝根。

　　注曰：绝命破军星，若人家大房坐此星，或合得此卦，宅上多生红蛇，应之不吉。

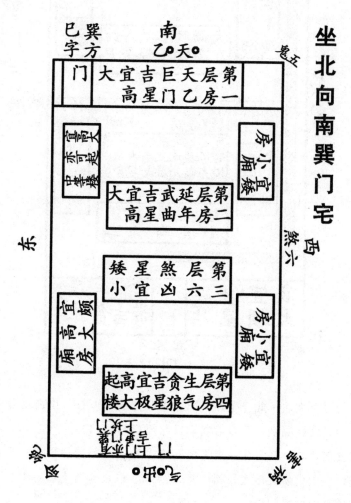

论开门修造门第六

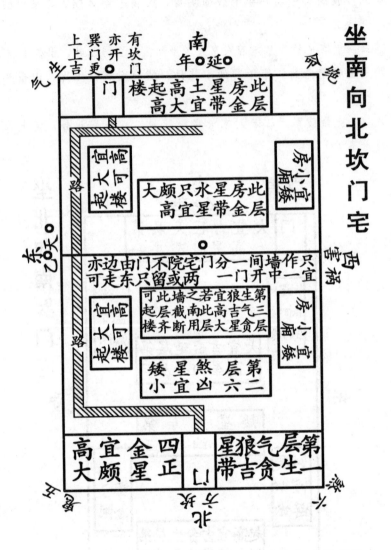

夫人生于大块，此身全在气中。所谓分明，人在气中游者是也。惟是居房屋中，气因隔别。所以通气，只此门户耳。门户通气之处，和气则致祥，乖气而致戾，乃造化一定之理。故古先圣贤制造门尺，立定吉方，慎选月日，以门之所关最大故耳。昔人云：宁与人家造十坟，不与人家修一门。故论开门修造门第六。

开门修造门，宜天德月德满，成开日合门光星，吉。修造安门，不宜犯天牢、黑道，天火、独火、九宫死气，大小耗，天贼地贼，天瘟受死，冰消瓦解、阴阳错，天地转杀，四耗四废。九丑九土，鬼离窠，四忌四穷。庚寅日，炙退三煞，六甲胎神，红嘴朱雀，九良星，丘公杀，大杀，白虎入中宫。债木星，雷霆白虎入中宫。按以上吉凶日详见选择部凡安门专主福元，旺合吉星，无不大发。须避直冲尖射、砂水斜割、悲崖险道、恶石山拗、崩破歪峰、枯木神庙之类，谓之乘杀入门。宜迎水迎山方吉。

春不作东门，夏不作南门，秋不作西门，冬不作北门。

庚寅日为大夫死日，不宜修造安门。

甲己日六甲胎神占门，不宜修造。

塞门吉日宜伏断闭日，忌丙寅己巳庚午丁巳日。

修门杂忌

九良星：丁亥癸巳年占大门，壬寅庚申年占房门，丁巳年占前门，丁卯己卯年占后门。

丘公杀：甲己年九月占，乙庚年十一月占，丙辛年正月占，丁壬年三月占，戊癸年五月占。

大小耗：正、七月占。

胎神：三、九月占。

土公：春、夏占。

游龙：四、五、十一月占。

伏龙：三、四、十月占。

宅龙：四、五月占。

牛黄：五、七、十一月占。

牛胎：三、九月占。

猪胎：三、四月占。

债木星占门方：戊癸年占，坤甲己年占，辰乙庚年占，坎寅丙辛年占，午丁壬年占乾。①

债木星占日：大月初三、十一、十九、廿七，小月初二、初十、十八、廿六，不宜作门、安门。

红嘴朱雀入离宫日：庚午、己卯、戊子、丁酉、丙午、乙卯，忌安大门。

门尺图

门尺前面上半

财木星	病土星	离土星	义水星
第一贪狼进横财，营求生意自然来	第二巨门多孝服，放荡游戏走他乡，离别他乡又不祥	第三禄存人多狼	第四文曲星，世代近君王

他人寄物何曾取，疾病一身退田宅，淫乱招其男女狭，致令男女失家乡，辈辈有名扬。夫妻分别不相遇，其家多富贵，世代有名扬。

门尺后面下半

官金星	劫火星	害火星	吉金星
第五武曲星，其家有文荣，官事退园林	第六廉贞星，退财多破败	第七破军星，其家出横人，家富有金银	第八辅弼星

五音田财进，劫财身孤寡，退财多破败，五音田财进，世代最昌荣。横祸不住逢，瘟病不离门。

门尺前面上半

贵人星	天灾星	天祸星	天财星

门尺后面下半

官禄星	孤独星	天贼星	宰相星

凡造门修门，安大小门户，开门基，并宜用门光星。

---

① 不宜作门安门。

门光星起例诀

有水点是门光吉星，余是凶星。大月宜全用，小月除了"消"字。
添添消。昨夜雨淋漓，雨过长沙满洞庭，倒在江湖流不尽，得澄清
处，是亦澄清。

门光星吉日定局

大月从下数上　　　小月从上数下

○○●●●●○○人人人○○○●●●○○○○人人人○○●●●○○○

白圈者吉　　人字损人　　黑圈损畜

门户歌

换象抽爻别有因，三人同陌不同行。时师晓得移门法，便是杨公天地穷。

凡宅虽有二十四山，专以八山主之。壬子癸方开门者属坎，丑艮寅方
开门者属艮。甲卯乙方开门者属震，辰巽巳方开门者属巽。丙午丁方开门
者属离，未坤申方开门者属坤。庚酉辛方开门者属兑，戌乾亥方开门者属
乾。四正门俱属金。[①]

用门尺法

以木为之，前面后面俱画，书如前式。

海内相传门尺数种，屡经验试。惟此尺为真。长短协度，凶吉无差。
盖昔公输子班造，极木作之圣研，穷造化之微，故创是尺。后人名为鲁班

---

①　坎离震兑四正门，俱属金。以坎至离、离至坎，俱延年。金震至兑、兑至震，俱破军
金也。

尺，非止量门可用。一切床房器物，俱当用此。一寸一分，灼有关系者，其尺前面八寸，以财、病、离、义、官、劫、害、吉为序。后面八寸，以贵人、天灾、天祸，天财、官禄、孤独、天贼、宰相为序。其实二面互为表里，吉凶相同。前面统言之，后面缕悉分数，又析言之耳。用法但顺字朝上正算，一切门窗通气之处，纵量横量，皆合吉星为妙。又细分之，则权禄、吉庆，官禄、天禄之类，可用于大门厅舍。子孙、横财，俊雅、安稳之类，可用于内院住房。智慧、聪明之类，可用于书屋。清贵、美味可用于厨灶。参裁验用，祸福自明。

阳宅十书卷三

论放水第七

　　阳宅阴宅俱以水法取效。若宅内外之形虽佳，修造之法亦善，只凶方地支放水一差，则以前诸法俱坏。故论放水第七。

放水歌

　　　　若论门庭先论水，家道兴隆从此起。

　　　　中堂天井两分流，引得外人相窥视。

　　　　其次精详总出水，水要流行须吉位。

　　　　阳山宜放阳字水，阴山须放阴水去。

　　　　合得阴阳不驳杂，去来皆要星辰利。

　　　　假如坐亥向巳方，巽巳长生去有妨。

　　　　但得斜穿丙丁去，不然左穿出乙方。

　　　　折归巳巽横斜过，却穿丙丁去亦良。

　　　　仍忌午与坤申位，更有吉辰非去方。

　　　　举此凡例可类取，别有图说为君详。

　　又云：寻龙须向地中来，放水却从天上去。宜放天干之水，不宜放地支水是也。

　　右论《杨公九星放水法》。

九星水法吉凶断例

贪狼星

五行值长生，大吉。水来门则富贵兴旺，水去则人物零替。譬如人有口食，可从而入，不可从而出。入则六腑润泽，出则肢体羸瘦，大概宜来不宜去。

巨门星　辅弼

水来去皆吉。譬如人有左鼻，左张鼻佐之，譬如人有右鼻，右张鼻佐之，宜气息往来，故得出入而调和，不得出入而闭塞。大概去来俱宜也。此水与五行，水虽合，须择其宜而用之。

禄存星

五行值绝胎，水宜流去，大吉。来朝则不吉。

文曲星

五行值沐浴冠带，水流去则吉。来朝主淫欲，不吉。如人之有左耳也。大概宜去不宜来。

廉贞星

五行值病死，水宜放去，不宜收纳。忌流水明堂，主火灾官非病退财。譬如人之有右耳也。

武曲星

名为学堂水，五行值临官。帝旺水来朝，主出人聪俊。不宜流去。又号华盖水，主富贵多金谷。譬如人有目，为一身之精光，来之则观视愈明，去之则如物掩蔽。大概宜来朝，不宜流去。

破军星

五行值墓库，水来朝不吉。主配军，出不孝之人，瘟疫病颠狂，退尽田园绝人丁。譬如人之有背，得此水来，如气血凝聚而生壅滞。大概不宜来朝，去之则吉。

阴阳山水法

阳山阳水乾甲、坤乙、坎癸、申辰、离壬、寅午戌，俱阳也。
阴山阴水艮丙、巽辛、兑丁巳丑、震庚亥卯未，俱阴也。

阴阳山水歌

乾甲坤乙居何方，坎癸申辰一样装。
更有离壬寅午戌，合山合水一齐阳。

艮丙巽辛何处寻，兑丁巳丑亦同论。

更有震庚亥卯未，合山合水一齐阴。

大抵阳山宜纳阳水，阴山宜纳阴水。若阴阳驳杂，则凶。

若阳山欲得流阳水者，主富贵无比，如或阳杂阴流者，凶祸无休。阴山若得流阴水，主百子千孙富贵。或有阴水杂阳流者，主屯难多忧。

四路水法

四路黄泉水杀人凶。如辰戌丑未，有破军水是也。

四路黄泉水救人吉。如辰戌丑未，有巨门水是也。

四路水法歌

四路黄泉能杀人，辰戌丑未有破军。

四路黄泉能救人，辰戌丑未有巨门。

犯杀少丁人忤逆，家有长病祸连绵。

黄泉煞诀

庚丁坤上是黄泉，乙丙须防巽水先。

申癸向中忧先艮，辛壬水路怕当乾。

九星来朝

贪狼水来旺长房，水去长房败不强。

煞高长房多损伤，寡妇淫乱僧道常。

巨门水来发二房，水去二房败不强。

煞大富贵人丁旺，定出为官紫衣郎。

禄存水来主守寡，女子峥嵘善当家。

水去催官上马水，水来颠邪跛脚强。

文曲水来败中房，水去淫女得外粮。

头秃眼瞎因水去，煞高女子定淫娼。

廉贞水来出盗贼，水去做贼偷财粮。

煞大忤逆刁蹬汉，污名牢狱惹官防。

武曲水发发长房，水去小房败不强。

此者名为学堂水，煞来老公欺小娘。

破军水去宜大吉，水来其家必主凶。

煞高仓库朝宝印，插笏甲第出宫人。

左辅右弼犯此凶，男孤女寡守空房。

父南子北人少死，少爷无子受饥贫。

二十四山放水定局

此段是以山龙为主，故论山向，若脱龙就局，则不论阴阳，只放天干水为宜。脱龙就局者，其宅无真正龙，山，只以福元及门向为局耳。

壬山水宜放甲乙巨门方，天井宜宽深，吉。

子山水宜放甲乙巨门方，天井宜深宽，吉。

癸山水宜放甲乙巨门方，天井宜平坦，吉。

丑山水宜放丙丁禄存方，天井宜宽阔，吉。

艮山水宜放丙丁禄存方，天井宜坦平，吉。

寅山水宜放甲乙六煞方壬癸廉贞方，天井宜阔深聚，吉。

甲山水宜放壬癸巨门方，天井宜坦平，吉。

卯山水宜放庚辛破军方，天井宜聚水，吉。

乙山水宜放壬癸巨门方，天井宜平坦，吉。

辰山水宜放乾禄存方，天井宜深聚，吉。

巽山水宜放丙丁巨门方庚辛六煞方，天井宜阔深聚，吉。

巳山水宜放丙丁巨门方庚辛六煞方，天井宜阔深聚，吉。

丙山水宜放庚辛廉贞方，天井宜平坦，吉。

午山水宜放乾破军方，天井宜阔深，吉。

丁山水宜放庚辛廉贞方，天井宜平坦，吉。

未山水宜放丙丁六煞方庚辛巨门方，天井宜宽深聚，吉。

坤山水宜放甲乙祸害方壬癸破军方，天井宜平坦，吉。

申山水宜放甲乙祸害方壬癸破军方，天井宜宽深，吉。

庚山水宜放丙丁廉贞方，天井宜平坦，吉。

酉山水宜放丙丁廉贞方，天井宜深聚，吉。

辛山水宜放丙丁廉贞方，天井宜平坦，吉。

戌山水宜放甲乙廉贞方壬癸六煞方，天井宜宽深，吉。

乾山水宜放甲乙廉贞方壬癸六煞方，天井宜平坦，吉。

亥山水宜放丙丁破军方，天井宜深聚，吉。

以上水法拟八宅者，兼此论之，万无一失。

阴阳生命说

《发微通书》云：凡论六阳命，子寅辰午申戌生人是也。六阴命，丑卯巳未酉亥生人是也。

四十二山水方向图

坤 未 丁 午 丙 巳 巽 辰 乙 卯 甲 寅 艮

申 庚 酉 辛 戌 乾 癸 子 壬 丑

论宅内形第八

宅法多端，无一可略。宅内房屋如龟头、雁尾、披孝之类，一有所犯，辄应凶灾。至于推车，兆祸尤大。均之不可不慎者，故论宅内形第八。

内形篇

宅舍既明看屋法，莫将楼角头上插。后堂前堂仍可安，厅若欺堂大相压。更有廊屋可次安，龙凤昂头却是法。中堂莫将暗视装，暗视有病在衷肠。寿星不出人夭寿，梁枋要出笋为胜。小笋如菱方胜。扣小圆星为寿星，藏头不出，则主人短命，主小儿难养。枋压梁头亦不良，人不起头多夭死，妇人少壮守空房。天井不可作一字，一序带杀少神气。一丈必须五尺阔，长短折半随所至。砖高不过十五层，只取下阶平水例。其次十一是合数，过此双偶皆非利。假如堂屋作九间，分作三井方为是。堂前门廊不可空，窗槅梁楅须分布。中堂不可架直屋，停丧之房多不利。堂柱用九厅用七，门户凡皆双数利。西胁开门最不宜，房屋双数方为利。十家八家同一聚，同出同门同一处。水路纵横两胁来，一切凶祸归中聚。两巷明为抽剑水，抽剑杀人出狂废。门路各家不为巷，水路空阔却不妨。两胁不可分两路，前横合一过一方。顺从一边行过去，此水得地乃无伤。合流须是一家水，折作之元随短长。更看方位有吉凶，如此门法多富贵。白虎头上莫开口，白虎口开人口伤。杀名吞啖难养人，产妇常常病在床。若还更有人行破，官祸在门不可当。更有碓磨居其上，家宅不宁发瘟瘟。门外不须更架屋，蔽却好山坏明堂。造屋从来有次第，先内及外起自堂。若还造门堂不造，屋未成时要分张。堂屋终须不结果，少年寡妇受恓惶。若还造厅堂不造堂，客胜主人招官防。中堂无主失中馈，钱财耗散有祸殃。先造两廊不造堂，儿孙争斗不可当。公婆父母禁不住，兄弟各路行别方。造得门成要龙虎，龙虎可从门上装。下水青龙要居外，上水青龙要内方。下水白虎要居外，上水白虎内方藏。莫道明堂外自有，不知门内是明堂。来龙在后碓居前，不可舂撼有损伤。震动不宁龙亦病，家宅不安事无常。来龙在左碓居右，来龙在右碓左傍。碓头要向前头去，人从后踏无祸殃。若是碓头踏向里，人踏居前向宅堂。被人担碓打住居，家财冷落少人亡。碾磨必须居左腹，右腹搅动白虎肠。主生病疾绞肠痛，出人褊窄结肚胀。厨灶必须居左位，不宜安在白虎方。阳宅若还依此法，定须子孙炽吉昌。家资积聚兼福禄，灾害不起成安康。若问宫殿及衙宇，此必秘文难宣扬。

大凡人家建立新宅，莫要先筑墙，谓之困字。主人家不兴发。

凡人家起屋，屋后莫起小屋，谓之停丧。损人口，若人住此小屋，尤不吉。

凡宅起丁字，屋主无家，主绝人丁。

凡宅起屋，前低后高，主发财禄兴旺。

凡宅起披孝屋，即后接连披盖是也。主横死人丁退田产。

凡人家盖屋后，不许起仓屋，谓之龙顿宅。主家财不兴。

凡人住屋，拆去半边及中间，拆去者谓之破家。杀主人不旺。

凡宅住屋，莫要房角水射其门。门射来水，主聋哑之人。

凡人家宅起屋，莫要飞走一直。主忤逆、兄弟不和之人。

凡宅开门路及车门，不要直射，谓之穿心杀。主家长横死之患。

凡宅房后莫开车门，要被盗退财，如在侧边不妨，北方开门亦然。

凡宅开车门，不要见子午坤艮四方。子午为天地心，坤为白虎头，艮为鬼门，主疾病、损人口。

凡宅天井中，不可积屋水，主患疫痢。不可堆乱石，主患眼疾。

凡宅侧屋，不可冲大门，触秽门庭，主灾祸。

凡人家宅，门上不可起楼，必主家长不利，官衙亦然。古云：门上起高楼，家长遭狱囚。又云：白虎位上耸一楼，注定家长忧。

凡人家屋角，不可漫街，主招讼祸。

凡人家有食乳小儿，秽衣不可高晒并过夜，则主生病。

凡人家居住之屋，必须周密，勿令有细隙，致有风气入少。觉有风勿强忍之久坐，必须急急避之。

火俺说

火俺即是厨房。厨灶止宜在宅凶方，不宜在吉方。此两言尽之矣。今世术者不知的当，纷纷立说制度，迁就反复变更。或以新宅所建第一房为火俺，或以装卦第三爻为火俺，或以供祖先处祠堂香火为火俺，甚者以伏位福德为火俺，以宅吉方立火俺。殊不知窑烧九岭，火断八山。古人极言烟火之害，今人何乃误认火俺为吉地。兹载二诀古诗于后，参验自明。

火俺歌

乾丙艮乙立火俺，

乾宫福德人宜丙方，绝命立火俺。艮宫福德人宜乙方，六煞立火俺。

坤兑癸上是根源。

坤兑福德人宜癸方，绝命祸害立火俺。

震巽火俺庚上是，

震巽福德人宜庚方，绝命六煞立火俺。

坎离甲上不虚传。

坎离福德人宜东北甲字方，五鬼祸害立火俺。

火路吉凶歌

乾宅坐丙震宅庚，兑宅癸位巽宅辛。

坎宅坐甲离修乙，艮宅坐乙坤宅壬。

此歌与前互相发，但离修乙三字，不合乙方。是离宫福德人之生气，不宜立火俺。况是艮宫福德人所修火俺之方，不应重复，改传流之误耳。

阳宅内形吉凶图说

断曰：二树生来在屋旁，楼台屋宇起瘟瘟。奸淫妇女招邪怪，入屋敲门动几场。

断曰：树庙门前怎奈何，招瘟动火祸来磨。都天太岁年来到，少死官非事又多。

断曰：青松郁郁竹漪漪，气色光容好住基。人丁大旺家豪富，积玉堆金着紫衣。

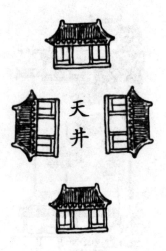

断曰：此个人家大发财，猪羊六畜自然来。读书俊秀人丁显，气恼纷纷眼疾催。

房耳单

歌曰：堂屋东头接小房，宅中小口须遭殃。三年两度应难免，人口六畜有损伤。解曰：北房东头接小房者，名单耳房。主小口马牛有伤，不吉。拆之速宜镇之吉。

双耳房

头西 北房 头东

　　歌曰：北房两头都有房，宅中老少常病殃。暗风血气并黄种，咳嗽生风主瘟瘟。解曰：堂房两头各接小房，名为双耳房。主家人大小暗风、黄肿、咳嗽、血光之疾。急拆去。

孤独房

北房

　　歌曰：北房西头接小房，定主三年哭两场。虽主家道多兴旺，后惹官事有灾殃。解曰：堂房西头接小房，名为孤独房。主家败人亡，家事大凶，拆镇吉。

露星房

　　歌曰：旧房远年雨露多，东则见西号星堂。官灾口舌频频有，更有年年见火光。解曰：破屋大漏有窟者主有官灾横事，人口血财不旺，修补完备吉。

单侧房

歌曰：单侧双侧房，必定见乖张，全家频受苦，禳厌可消殃。解曰：堂房东头靠山横盖房，名曰单侧耳。主有横灾是非，须拆镇之吉。

暗算房

歌曰：家中暗算房，活计不荣昌。频频贼盗显，灾祸不可当。解曰：北房西头顾着又有西房，名曰暗算房。主招贼、破财、钱谷虚耗，大凶。拆镇之吉。

再插焦尾房

歌曰：再插焦尾房，家长必遭殃。火光频频有，阴旺主伤阳。解曰：不论某房但多年，再前重接厦，名曰焦尾房。又是焦耳房。多主不祥之事。拆者吉。

房 骨 露

　　歌曰：若盖露骨房，老者病着床。数年频频苦，不免卖田庄。解曰：盖房不截房檐木者，名为露骨房。主破财哭泣之事，截了平安吉。

房 尸 晒

　　歌曰：莫盖晒尸房，人口病着床。服药全无效，阴小必损伤。解曰：盖房经年不盖完，名为晒尸房。主人口病不快。择吉日苦盖了吉。

房 字 丁

　　歌曰：屋头丁字房，官灾口舌殃。破财多怪异，频频见火光。解曰：堂屋东间接连盖东房者，名曰丁字房。主官司、疾病、火光、镇补大吉。

尾插头披龙青

歌曰：青龙插尾共披头，一年六度长子愁。钱财破散人疾病，时时殃怪至门头。解曰：东房南头接小房，名曰青龙披头。北头接小房，名曰青龙插尾，损长男房大凶。将两头小房拆吉。

尾插头披武元

歌曰：若盖披头房，横死不可当。丧事频频有，家中必遭殃。解曰：堂房东头插小厦，名为元武披头。西头名为元武插尾。横事损入口，不吉。拆镇大吉。

哭畔及头披虎白

歌曰：白虎披头及畔哭，阴人小口病先殂。重重灾害每相至，耗散钱财物皆无。解曰：西房南头插小房，名曰白虎披头。北头插小房名白虎畔边哭主阴人小口病，拆镇吉。

尾插头披雀朱

歌曰：南房两头接小房，阴人新妇病着床。田蚕失散损小口，官灾贼盗主火光。解曰：南房东头接小房，名为朱雀披头。西头接小屋者，名曰朱雀插尾。阴人小口灾，拆镇吉。

房阳孤

歌曰：只有一北房，男旺女遭殃。钱财主破散，年年有不祥。解曰：只有一座房，名为孤阳房。主阳旺女衰，小口灾疾。再盖房添合，吉爻平安。

房肘露

歌曰：凡有露肘房，宅中定不昌。阳人频频患，长子亦卧床。解曰凡房四角整齐，名曰露肘房。或上木料不盖合，阳人有灾官司，解谢平安吉。

房 字 水

歌曰：莫盖水字房，阴人有灾伤。多服蛊毒死，一年两度亡。解曰：堂房中宫有正房，两边有屋，名曰水字房。主终服药死。阴人有小灾，镇吉。合爻吉。

房 字 土

歌曰：莫盖王字房，家长必遭殃。肿气并脚疾，阴人必损伤。解曰：若盖东西屋中心盖顶者，名为王字房。主阴人小口灾，大凶。急拆了人平安。

房 患 瘫

歌曰：拆屋一半瘫患房，官事连连不可当。阳屋必定灾男子，阴屋必定女人殃。解曰：若拆屋一半，留一半，即名为瘫患房。主防官事、口舌、人口不利，凶。急宜镇之吉也。

房 阳 纯

歌曰：阳盛阴衰不可当，田蚕六畜主多伤。男子从来个个旺，女人恶死患风疮。解曰：只有一座北房共东房，再无别房，名为纯阳房。主阴人小口病，镇之速补爻吉。

房 阴 重

歌曰：阴盛阳衰最不强，女人兴旺儿不长。盗贼官事都无数，绝了后代少儿郎。解曰：凡宅中有南房合西房，别无余房，名为重阴房。主男人不旺，灾病生事，凶。补镇合爻吉。

· 147 ·

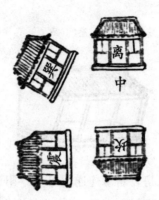

歌曰：自南房入北房坎宅，自北房入南房离宅，自西房入东房震宅，自西北入东南巽宅。解曰：震巽坎离是一家，乾坤艮兑休犯他。东四宅生人不许盖，西四宅高大，为大吉。

歌曰：自东房入西房名为兑宅，自东南入西北名为乾宅，自西南入东北名为艮宅，自东北入西南名为坤宅。解曰：乾坤艮兑四宅生人不宜，修坎离巽震，高大，犯着则凶。

白虎畔边哭

歌曰：白虎畔边哭，妇人多主孤。太岁不合同，钱财耗散无。鬼魅交加有，妻病定难除。男女多寿短，家门日见无。解曰：西房北头垂下厦，为白虎畔边哭。女先故，必有死事。

青龙举其头

歌曰：青龙举其头，居家多有愁。男女绝离散，奴婢尽逃流。哭声终不断，五载并三秋。不惟伤人口，又损马共牛。解曰：青龙举其头者，乃是东房南头插小房。主年年虚耗，男女有损，大凶。牛马死伤，急拆镇之则吉。

玄武插尾

歌曰：玄武插其尾，贼盗年年起。居官失其财，逃亡走奴婢。女人多不孝，不宜生家计。灾祸时时至，六畜自然死。解曰：玄武插其尾，乃是北房西头接小厦。主贼盗，六畜之事不吉，拆之吉。

朱雀垂翅

歌曰：朱雀垂其翅，家宅多不利。口舌纷纷有，破财及官事，奴婢尽逃亡，父子不相义。中女必定灾，火光频频至。解曰：南房两头垂有小房厦，是主人家不测之灾祸也。

螣蛇举其头

歌曰：螣蛇举其头，居家多有忧。六畜家财散，疾病事不休。解曰：此房乃宅东北角有一小房也。主家财耗散，人口衰败。

小 字 房

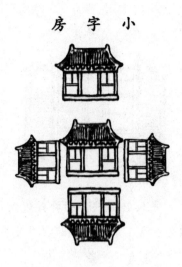

歌曰：莫盖小字房，阳人有灾殃。人口多有病，一年两度亡。解曰：堂屋前中间有正房是也。主常服药人灾，不吉利。

焦 尾 房

歌曰：莫盖焦尾房，人口必受殃。阳屋伤男子，阴屋女人伤。解曰若盖旧房用新椽，接出前后厦，主人口损伤、血火之灾、官事口舌。

房 字 工

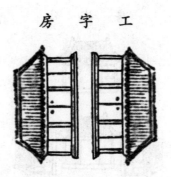

歌曰：宅修工字房，家长必灾殃。脚肿并气疾，女人亦克伤。解曰：若南北二房居中盖东西房，为工字房，主家中阴人小口，不利也。

直 旁 雨

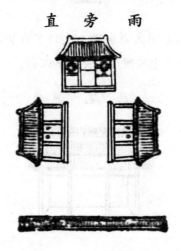

断曰：若见人家两直屋，必主钱财多不足。名为龙虎必齐直，退田少亡无衣禄。

房头过

后低　前高

断曰：此屋名为过头屋，前高后低二姓族。住主多损少年郎，招瘟动
火连年哭。

房寡孤

断曰：此屋名为孤寡屋，主有寡妇二三人。一纪十六年间有，遭瘟动
火败伶仃。

低后前高中

断曰：此屋中高前后低，主有孤寡在其居。又主钱财多耗散，名为四水不回归。

左　无　右　有

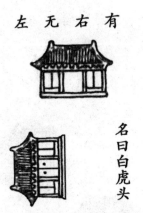

名曰白虎头

断曰：此屋名为白虎头，必主小房衣食愁。幼男孤寡必损败，便见原因在里头。

右 无 左 有

名曰青龙头

断曰：此屋名为青龙头，必主长房衣食愁。在家孤寡主长败，出去不回空倚楼。

支水吉　　头干水临凶

断曰：干水临头百事凶，孤儿寡女此中存。克妻损长多祸事，支与天干仔细穷。

左右脊射

断曰：屋脊射长房，长子命先亡。屋脊射右房，幼子主离乡。若还齐来射，射得浪荡光。

左右两屋低
中高曰冲天
名曰扛尸房

断曰：冲天落地两头低，三年两度损男女。又主扛尸并外死，太岁当门无改移。

断曰：苍苍翠竹绕身旁，堪羡其家好画堂。大出官僚小出贵，个个儿
孙姓名香。

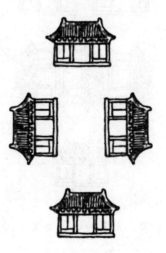

断曰：若得人家四屋夹，中门天井埋儿杀。当防产难及招瘟，眼疾纷
纷气疾发。

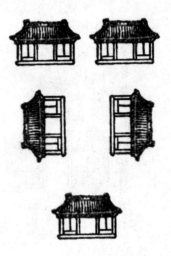

断曰：此屋一木又一木，孤寡临门来得速。更主同宗二姓人，气疾眼患有定数。

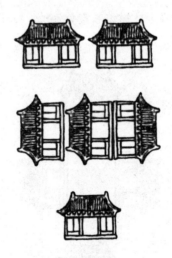

断曰：此屋中门有小房，人丁损死主哭泣。又名埋儿杀现身，主有寡妇二三妞。

外内形吉凶图，下断语歌解，率皆鄙俚不叶，然其兆应祸福无爽，必其作者亦有道之人。予弗敢以己意改饰为是，因仍旧言。昔仲尼慕古史阙文之义，今愿窃则仿焉。

论选择第九^①

论形势者，阳宅之体。论选择者，阳宅之用。总令内外之形俱佳，修造之法尽善。若诸神煞一有所犯，凶祸立见，尤不可不慎。故论选择第九。

凡选择，须先起命前五神。

五神

甲乙为青龙，丙丁为明喜，戊己为仓库，壬癸为盗贼，^② 庚辛为白虎。^③

命前五神定局

子生人五神在巳，丑生人五神在午，

寅生人五神在未，卯生人五神在申，

辰生人五神在酉，巳生人五神在戌，

午生人五神在亥，未生人五神在子，

申生人五神在丑，酉生人五神在寅，

戌生人五神在卯，亥生人五神在辰。

且如太岁甲己年，五虎遁起丙寅。

如子生人，五神在巳。甲己年遁得己巳，即戊己为仓库神，宜修造。主粟麦盈仓。

如丑生人，五神在午。其年遁得庚午为白虎，主哭泣丧服。

太岁在庚年，五虎遁起戊寅，卯上是己卯。

---

① 按选择甚繁，兹固仅取其切于修造者载之。至膠仙神机鬼藏章，已另见选择部，故不录。

② 主招盗贼及损六畜。

③ 主哭泣丧事。

如戌生人五神在卯，其年遁得己卯。即仓库神，主大利修造。

太岁丙辛年，五虎遁起庚寅。

如巳生人，命前五神在戌，其年遁得丙丁，为明喜神。主有大喜悦之兆，余仿此。

五虎遁诀

甲己之年丙作首，乙庚之岁戊为头。

丙辛之岁寻庚上，丁壬之位顺行流。

戊癸之岁何方起，甲寅之上好推求。

九宫建宅

九宫建宅，即起定生。宫依福元内三元起手。如上元甲子，宅主戊戌系震宅生人，即于坤上起退五宫，至兑宫为定生宫。如上元甲子，宅母丙午系坤宅生人，即于坎上起退五宫，至乾宫为定生宫，方论游年变宅。

游年变宅

巽　离　坤
　　男女
　　四二
　　十十

震　　　兑
三男　　一男
十女　　十女

艮　坎　乾
　　女男
　　四二
　　十十

其法男女俱于兑上起一十。男顺行至坎上二十，震上三十，离上四十，零年一年一宫。女逆行至离上二十，震上三十，坎上四十，零年一年一宫。数至本生几岁住，看本生命配定生宫，得某卦是也。

如男上元戊戌生人，至己丑行年五十二岁，就于兑上起一十，坎上二十，震上三十，离上四十，又兑上五十，乾上五十一，坎上五十二，戊戌男命定生宫在兑，即起兑生祸延绝六五天，五十二在坎，即祸害值年，不宜修造。如女上元丙午生人，至己丑行年四十四岁，就于兑上起一十，离上二十，震上三十，坎上四十，乾上四十一，兑上四十二，坤上四十三，离上四十四。丙午女命定生宫在乾，即起乾六天五祸绝延生，四十四在离，即绝命值年，不宜修造。若变得天乙，主一年内出学业食禄人。变得生气，主人口羊马富贵。变得延年，主二百八十日内有喜庆。变得伏位，主逃亡人复归。变得六煞，主死亡，一年后百事凶。变得五鬼，主二百日有哭泣事，大凶。变得绝命，主二年后伤中子，官灾死亡。变得祸害，主一年祸事，损畜伤财。本宫变本宫名伏位。经云，生气延年兼伏位，天乙四路好兴工。

行年建宅

其法即系小运例。男顺行女逆行论行年。逐一数到子为神后，寅为功曹，午为胜光，申为传送，乃大通年，大宜修造。数到亥上登明，丑上大吉，未上小吉，乃小通年，宜修造。数到卯上太冲，数到酉上从魁，巳上太乙，为小凶年。若数到辰上天罡，戌上河魁，大凶年。修造主大凶。天罡太乙，胜光小吉，传送从魁，河魁登明，神后大吉，功曹太冲，此其次序也。

起宅小运例法

子午寅申为大通，小通丑未亥登明。

太乙卯酉不堪造，辰戌天罡主大凶。

（男命）甲子旬中生人，一岁起丙寅，十一岁丙子。

甲戌旬中一岁起丙子，十一岁丙戌。

甲申旬中一岁起丙戌，十一岁丙申。

甲午旬中一岁起丙申，十一岁丙午。

甲辰旬中一岁起丙午，十一岁丙辰。

甲寅旬中一岁起丙辰，十一岁丙寅。

俱先逆数到旬头，却一岁一岁顺数至子午寅申为大通云云。

（女命）甲子旬中一岁起壬申，十一岁壬戌。

甲戌旬中一岁起壬戌，十一岁壬子。

甲申旬中一岁起壬子，十一岁壬寅。

甲午旬中一岁起壬寅，十一岁壬辰。

甲辰旬中一岁起壬辰，十一岁壬午。

甲寅旬中一岁起壬午，十一岁壬申。

俱先顺数到旬头，却一岁一岁逆数至子午寅申为大通云云。

以上命前五神，及定生宫、游年变宅，及行年建宅，皆以宅长宅母为主。若修正堂正厅，必须专依此法。倘修补小房，但有本家亲人年命，应修及凶神，不占方位，权宜修造房屋可也。凡选择竖造等日，宜详历法，通书神煞不占之方。吉神相临之位，兼有吉日吉时，一一俱要相合为妙。切忌宅主本命，对冲要紧。

起工动土

诸造作若暂时小，用壬子、癸丑、丙辰、丁巳、戊午、己未、庚申、辛酉、八偷修日亦可。

宜甲子、癸酉、戊寅、己卯、庚辰、辛巳、甲申、丙戌、甲午、丙申、戊戌、己亥、庚子、甲辰、癸丑、戊午、庚午，辛未、丙午、丙辰、丁未、丁巳、辛酉、黄道月空成开日。

造地基

宜甲子、乙丑，丁卯、戊辰、庚午、辛未、己卯、辛巳、甲申、己未、丁酉、己亥、丙午、丁未、壬子、癸丑、甲寅、乙卯、庚申、辛酉。忌元武黑道、天贼受死、天瘟、土瘟、土忌、土符、地破月破、地囊、九土鬼、正四废、天地正转杀、天转地转、月建转杀、土公占土痕，建破收日。

起工破木

己巳、辛未、甲戌、乙亥、戊寅、己卯、壬午、甲申、乙酉、戊子、庚寅、乙未、己亥、壬寅、癸卯、丙午、戊申、己酉、壬子、乙卯、己未、庚申、辛酉、黄道天成月，空天月二德，及合成开日。忌刀砧杀，木马杀、斧头杀、天贼受死、月破、破败独火、鲁般杀、建日九土鬼、正四废、四离四绝日。

定磉扇架

宜甲子、乙丑、丙寅、戊辰、己巳、庚午、辛未、甲戌、乙亥、戊寅，己卯、辛巳、壬午、癸未、甲申、丁亥、戊子、己丑、庚寅、癸巳、乙未、丁酉、戊戌、己亥、庚子、壬寅、癸卯、丙午、戊申、己酉、壬子、癸丑、甲寅、乙卯、丙辰、丁巳、己未、庚申、辛酉、黄道天月二德成定日。忌正四废、天贼、建日破日。

竖柱

宜己巳、辛丑、甲寅、乙亥、乙酉、己酉、壬子、乙巳、己未、庚申、戊子、乙来、己亥、己卯、甲申、己丑、庚寅、癸卯、戊申、壬戌，黄道天月二德、诸吉星成开日。

上梁

宜甲子、乙丑、丁卯、戊辰、己巳、庚午、辛未、壬申、甲戌、丙子、戊寅、庚辰、壬午、甲申、丙戌、戊子、庚寅、甲午、丙申、丁酉、戊戌、己亥、庚子、辛丑、壬寅、癸卯、乙巳、丁未、己酉、辛亥、癸丑、乙卯、丁巳、巳未、辛酉、癸亥、黄道天月二德，诸吉星成开日。

以上二条忌朱雀黑道、天牢、黑道、独火、天火、月火、狼籍贼火、冰消瓦解、天瘟天贼、月破、大耗、天罡河魁、受死鲁般杀、刀砧杀、划削血刃杀、鲁般跌蹼杀、阳错阴错、伏断、九土鬼、正四废。五行忌月建转杀、火星天牢日。

盖屋

宜甲子、丁卯、戊辰、己巳、辛未、壬申、癸酉、丙子、丁丑、己卯、庚辰、癸未、甲申、己酉、丙戌、戊子、庚寅、丁酉、癸巳、乙未、己亥、辛丑、壬寅、癸卯、甲辰、乙巳、戊申、己酉、庚戌、辛亥、癸丑、乙卯、丙辰、庚申、辛酉、成定开日。

泥屋

宜甲子、乙丑、己巳、甲戌、丁丑、庚辰、辛巳、乙酉、丁亥、庚寅、辛卯、壬辰、癸巳、甲午、乙巳、丙午、戊申、庚戌、辛亥、丙辰、丁巳、戊午、庚申、平成日。

六十年生命禄马贵人定局起例①

真禄、驿马、贵人，三大吉星，修造所关最大，以人生命随流年定之。

真禄

甲禄在寅，乙禄在卯，丙戊禄在巳，丁己禄在午，
庚禄在申，辛禄在酉。壬禄在亥，癸禄在子。②

驿马

寅午戌马居申，亥卯未马居巳，申子辰马居寅，巳酉丑马居亥。③

---

① 以太岁入宫起例。
② 是为真禄。
③ 是为驿马。

贵人

甲戊兼牛羊，乙己鼠猴乡，丙丁猪鸡位，壬癸兔蛇藏，庚辛逢马虎。①

其法先以生年五虎起遁且，如甲子生人，则真禄在丙寅，驿马亦在丙寅。阳贵人在辛未，阴贵人在丁丑。若乙丑年修造，却以太岁加在中宫，从中宫数，用野马跳涧诀、九宫法顺数，中宫起乙丑未字，乾宫起丙寅、真禄在乾，驿马亦在乾。阳贵人辛未，数至卯字，坤宫阴贵人丁丑，数至酉字，艮宫其年乾坤艮上，修造俱大吉利，余仿此。

---

① 是为贵人。

太岁月日同	六甲生命		六丙生命		六戊生命		六庚生命		六壬生命	
	真申寅阴阳		真申寅阴阳		真申寅阴阳		真申寅阳阴		真申寅阳阴	
	子午		子午		子午		子午		子午	
	禄辰戌贵贵		禄辰戌贵贵		禄辰戌贵贵		禄辰戌贵贵		禄辰戌贵贵	
	马 人		马 人		马 人		马 人		马 人	
	丙丙壬辛丁		癸庚丙丁己		丁甲庚乙己		甲戊甲戊壬		辛壬戊癸乙	
	寅寅申未丑		巳寅申酉亥		巳寅申丑未		申寅申寅午		亥寅申亥巳	
甲子	兑兑巽震离		兑巽坎坤巽		巽坎兑乾乾		兑坎兑坎中		兑兑巽艮坎	
乙丑	乾乾震坤艮		乾震离坎震		震离乾中中		乾离乾离巽		乾乾震兑离	
丙寅	中中坤坎兑		中坤艮离坤		坤艮中坎巽		中艮中艮震		中中坤乾艮	
丁卯	坎坎坎离乾		巽坎兑艮坎		坎兑巽离震		巽兑巽兑坤		巽巽坎中兑	
戊辰	离离离艮中		震离乾兑寅		离乾震艮坤		震乾震乾坎		震震离巽乾	
己巳	艮艮艮兑巽		坤艮中乾艮		艮中坤兑坎		坤中坤中艮		坤坤艮震中	
庚午	兑兑兑乾震		坎兑巽中兑		兑巽坎乾离		坎巽坎巽艮		坎坎兑坤巽	
辛未	乾乾乾中坤		离乾震巽乾		乾震离中艮		离震离震兑		离离乾坎震	
壬申	中中中坎坎		艮中坤震中		中坤艮巽兑		艮乾艮坤乾		艮艮中离坤	
癸酉	巽巽坎离离		兑巽坎坤巽		巽坎兑震乾		兑坎兑坎中		兑兑巽艮坎	
甲戌	震震离艮艮		乾震离坎震		震离乾坤中		乾离乾离巽		乾乾震兑离	
乙亥	坤艮坎兑兑		中坤艮离坤		坤艮中坎巽		中艮中艮震		中中坤艮艮	
丙子	坎坎兑乾乾		巽坎兑艮坎		坎兑巽离震		巽兑巽兑坤		巽巽坎中兑	
丁丑	离离乾中中		震离乾兑离		离乾震艮坤		震乾震乾坎		震震离巽乾	
戊寅	艮艮中巽坎		坤艮中乾艮		艮中坤兑坎		坤中坤中离		坤坤艮震中	
己卯	兑兑巽震离		坎兑巽中兑		兑巽坎乾离		坎坎坎坎艮		坎坎兑坤巽	
庚辰	乾乾震坤艮		离乾震巽乾		乾震离中艮		离离离离兑		离离乾坎震	
辛巳	中中坤坎兑		艮中坤震中		中坤艮巽兑		艮艮艮艮乾		艮艮中离坤	
壬午	巽巽坎离乾		兑巽坎坤巽		巽坎兑震乾		兑兑兑兑中		兑兑巽艮坎	
癸未	震震离艮中		乾震离坎震		震离乾坤中		乾乾乾乾坎		乾乾震兑离	
甲申	坤坤艮兑巽		中坤艮离坤		坤艮中坎巽		中中中中艮		中中坤乾艮	
乙酉	坎坎兑乾震		巽坎兑艮坎		坎兑巽离震		坎巽坎巽艮		巽巽坎中兑	
丙戌	离离乾中坤		震离乾兑离		离乾震艮坤		离震离震兑		震震离巽乾	
丁亥	艮艮中巽坎		坤艮中乾艮		艮中坤兑坎		艮坤艮坤乾		坤坤艮震中	
戊子	兑兑巽震离		坎兑巽中兑		兑巽坎乾离		兑坎兑坎中		坎坎兑坤巽	
己丑	乾乾震坤艮		离乾震巽乾		乾震离中艮		乾离乾离巽		离离乾坎震	
庚寅	中中坤坎兑		艮中坤震中		中坤艮巽兑		中艮中艮震		艮艮中离坤	

辛卯	巽巽坎离乾	兑坎坎坤巽	巽坎兑震乾	巽兑巽兑坤	兑兑巽艮坎
壬辰	震震离艮中	乾离离坎震	震离乾坤中	震乾震乾乾	乾乾震兑离
癸巳	坤坤艮兑巽	中艮艮离坤	坤艮中坎巽	坤中中中离	中中坤乾艮
甲午	坎坎兑乾震	巽兑艮艮坎	坎兑巽离震	坎巽坎巽艮	巽巽坎中兑
乙未	离离乾中坤	震乾乾兑离	离乾震艮坤	离震离震兑	震震离巽乾
丙申	艮艮中巽坎	坤中中乾艮	艮中坤兑坎	艮坤艮坤乾	坤坤艮震中
丁酉	兑兑巽震离	坎巽坎中兑	兑巽坎乾离	兑坎兑坎中	坎坎兑坤巽
戊戌	乾乾震坤艮	离震离巽乾	乾震离中艮	乾离乾乾巽	离离乾坎震
己亥	中中坤坎兑	艮坤艮离中	中坤艮巽兑	中艮中艮震	艮艮中离坤
庚子	巽巽坎离乾	兑坎兑艮坎	巽坎兑震乾	巽兑巽兑坤	兑兑巽艮坎
辛丑	震震离艮中	乾离乾兑离	震离乾坤中	震乾震乾坎	乾乾震兑离
壬寅	坤坤艮兑巽	中艮中乾艮	坤艮中坎巽	坤中坤中离	中中坤乾艮
癸卯	坎坎兑乾震	坎兑巽中兑	坎兑巽离震	坎巽坎巽艮	巽坎坎中兑
甲辰	离离乾中坤	离乾震巽乾	离乾震艮坤	离震离震兑	震离离坎乾
乙巳	艮艮中巽坎	艮中坤震中	艮中坤兑坎	艮坤艮坤乾	坤艮艮离中
丙午	兑兑巽震离	兑巽坎坤巽	兑巽坎乾离	兑坎兑坎中	坎坎兑艮坎
丁未	乾乾震坤艮	乾震离坎震	乾震离中艮	乾离乾离巽	离乾乾兑离
戊申	中中坤坎兑	中坤艮离坤	中坤艮巽兑	中艮中艮震	艮中中乾艮
己酉	巽巽坎离乾	巽坎兑艮坎	巽兑坎震乾	巽兑巽兑坤	兑巽坎中兑
庚戌	震震离艮中	震离乾兑离	震离乾坤中	震乾震乾坎	乾乾离离乾
辛亥	坤坤艮兑巽	坤艮中乾艮	坤艮中坎巽	坤中坤中离	中坤艮震中
壬子	坎坎兑乾震	坎兑巽中兑	坎兑巽离震	坎巽坎巽艮	坎坎坤坤巽
癸丑	离离乾中坤	离乾震巽乾	离乾震艮坤	离震离震兑	离离乾坎震
甲寅	艮艮中巽坎	艮中坤震震	艮中坤兑坎	艮坤艮坤乾	艮艮中离坤
乙卯	兑兑巽震离	兑巽坎坤巽	兑坎坎乾离	兑坎兑坎中	兑兑巽艮坎
丙辰	乾乾震坤艮	乾震离坎震	乾离离中艮	乾离乾乾巽	乾乾震兑离
丁巳	中中坤坎兑	中坤艮离坤	中艮艮巽兑	中艮中艮震	中中坤乾艮
戊午	巽巽坎离乾	巽坎兑艮坎	巽兑兑震乾	巽兑巽兑坤	巽巽坎中兑
己未	震震离艮中	震离乾兑离	震乾乾坤中	震乾震乾坎	震震离巽乾
庚申	坤坤艮兑巽	坤艮中乾艮	坤中中坎巽	坤中中中离	坤坤艮震中
辛酉	坎坎兑乾震	坎兑巽中兑	坎巽坎离离	坎巽坎巽艮	坎坎兑坤巽
壬戌	离离乾中坤	离乾震巽乾	离震离艮坤	离震离震兑	离离乾坎震
癸亥	艮艮中巽坎	艮中坤震中	艮坤艮兑兑	艮坤艮坤乾	艮艮中离坤

太岁月日同	六乙生命		六丁生命		六己生命		六辛生命		六癸生命	
	真巳亥阴阳		真亥巳阳阴		真亥巳阴阳		真亥巳阳阴		真亥巳阴阳	
	酉卯		卯酉		卯酉		卯酉		卯酉	
	禄丑未贵贵		禄未丑贵贵		禄未丑贵贵		禄未丑贵贵		禄未丑贵贵	
	马 人		马 人		马 人		马 人		马 人	
	己丁辛甲戊		丙乙辛辛己		庚己乙丙壬		丁癸乙庚甲		甲丁癸乙戊	
	卯亥巳申子		午巳亥亥酉		午巳亥子申		酉巳亥寅午		子巳亥巳卯	
甲子	坤坎巽兑坤		坤坎兑兑中		坤坎兑艮巽		坤兑巽巽艮		中巽坎巽坤	
乙丑	坎离震乾坎		坎离乾乾巽		坎离乾兑震		坎乾震震兑		坎震离震坎	
丙寅	离艮坤中离		离艮中中震		离艮中乾坤		离中坤坤乾		离坤艮坤离	
丁卯	艮兑坎巽艮		艮兑巽巽坤		艮兑巽中坎		艮巽坎坎中		艮坎兑坎艮	
戊辰	兑乾离震兑		兑乾震震坎		兑乾震巽离		兑震离离巽		兑离乾离兑	
己巳	乾中艮坤乾		乾中坤坤离		乾中坤震艮		乾坤艮艮震		乾艮中艮乾	
庚午	中巽兑坎中		中巽坎坎艮		中坎坎坤兑		中坎兑兑坤		中兑巽兑中	
辛未	巽震乾离巽		巽震离离兑		坎离离坎乾		巽离乾乾坎		巽乾震乾巽	
壬申	震坤中艮震		震坤艮艮乾		离艮艮离中		震艮中中离		震中坤中震	
癸酉	坤坎巽兑坤		坤坎兑兑中		艮巽兑艮坎		坤兑巽巽艮		坤巽坎巽坤	
甲戌	坎离震乾坎		坎离乾乾巽		兑乾乾兑离		坎乾巽震兑		坎震离震坎	
乙亥	离艮坤中离		离艮中中震		乾中中乾艮		离中坤坤乾		离坤艮坤离	
丙子	艮兑坎巽艮		艮兑巽巽坤		中巽坎中兑		艮巽坎坎中		艮坎兑坎艮	
丁丑	兑乾离震兑		兑乾震震坎		巽震离坎乾		兑震离离巽		兑离乾离兑	
戊寅	乾中艮坤乾		乾中坤坤离		震坤艮离中		乾坤艮艮震		乾艮中艮乾	
己卯	中巽兑坎中		中巽坎坎艮		坤坎兑艮巽		中坎兑兑坤		中兑巽兑中	
庚辰	坎震乾离巽		巽震离离兑		坎离乾兑震		巽离乾乾坎		巽乾震乾巽	
辛巳	离坤中艮震		震坤艮艮乾		离艮中乾坤		震艮中中离		震中坤中震	
壬午	艮坎坎兑坤		坤坎兑兑中		艮兑巽中坎		坤兑巽巽艮		坤巽坎巽坤	
癸未	兑离离乾坎		坎离乾乾巽		兑乾震巽离		坎乾震震兑		坎震离震坎	
甲申	乾艮艮中离		离艮中中震		乾中坤震艮		离中坤坤乾		离坤艮坤离	
乙酉	中兑兑坎艮		艮兑巽巽坤		中巽坎坤兑		艮巽坎坎中		艮坎兑坎艮	
丙戌	巽乾乾离兑		兑乾震震坎		巽震离坎乾		兑震离离巽		兑离乾离兑	
丁亥	震中中艮乾		乾中坤坤离		震坤艮离中		乾坤艮艮震		乾艮中艮乾	
戊子	坤坎巽兑中		中巽坎坎艮		坤坎兑艮巽		中坎兑兑坤		中兑巽兑中	
己丑	坎离震乾坎		巽震离离兑		坎离乾兑震		巽离乾乾坎		巽乾震乾巽	
庚寅	离艮坤中离		震坤艮艮乾		离艮中乾坤		震艮中中离		震中坤中震	

辛卯	艮兑坎巽艮	坤坎兑兑中	艮兑巽中坎	坤兑巽巽坎	坤巽坎巽坤
壬辰	兑乾离震兑	坎离乾乾巽	兑乾震巽离	坎乾震震离	坎震坎震坎
癸己	乾中艮坤乾	离艮中中震	乾中坤震艮	离中坤坤乾	离坤艮坤离
甲午	中巽兑坎中	艮兑巽巽坤	中巽坎坤兑	艮坎坎坎中	艮坎坎坎艮
乙未	巽震乾离巽	兑乾震震坎	巽震离坎乾	兑离离离坎	兑离乾离兑
丙申	震坤中艮震	乾中坤坤离	震坤艮离中	乾艮艮艮离	乾艮中艮乾
丁酉	坤坎巽兑坤	中巽坎坎艮	坤坎兑艮巽	中兑兑兑艮	中兑巽兑中
戊戌	坎离震乾坎	巽震离离兑	坎离乾兑震	坎乾乾兑兑	巽乾震乾巽
己亥	离艮坤中离	震坤艮艮乾	离艮中乾坤	离中中中乾	震中坤中震
庚子	艮兑坎巽艮	坤坎兑兑中	艮兑巽中坎	艮巽坎巽中	坤巽坎巽坤
辛丑	兑乾离震兑	坎离乾乾巽	兑乾震巽离	兑震离离巽	坎震离震坎
壬寅	乾中艮坤乾	离艮中中震	乾中坤震艮	乾坤艮艮震	离坤艮坤离
癸卯	兑巽兑坎中	艮兑巽巽坤	中巽坎坤兑	中坎兑兑坤	艮坎兑坎艮
甲辰	巽震乾离巽	兑乾震震坎	巽震离坎乾	巽离乾乾坎	兑离乾离兑
乙巳	震坤中艮震	乾中坤坤离	震坤艮离中	震艮中中离	乾艮中艮乾
丙午	坤坎巽兑坤	中坎坎坎艮	坤坎兑艮巽	坤兑巽巽艮	中兑巽兑中
丁未	坎离震乾坎	坎离离离兑	坎离乾兑震	坎乾震震兑	巽乾震乾巽
戊申	离艮坤中离	离艮艮艮乾	离艮中乾坤	离中坤坤乾	震中坤中震
己酉	艮兑坎巽艮	艮兑兑兑中	艮兑巽中坎	艮巽坎坎中	坤巽坎巽坤
庚戌	兑乾离震兑	兑乾乾坎坤	兑乾震巽离	兑震离离巽	坎震离震坎
辛亥	乾中艮坤乾	乾中中中离	乾中坤震艮	乾坤艮艮震	离坤艮坤离
壬子	中巽兑坎中	中巽坎坎艮	中巽坎坤兑	中坎兑兑坤	艮坎兑坎艮
癸丑	巽震乾离巽	巽震离离兑	巽震离坎乾	巽离乾乾坎	兑离乾离艮
甲寅	震坤中艮震	震坤艮艮乾	震坤艮离中	震艮中中离	乾艮中艮乾
乙卯	坤坎巽兑坤	坤坎兑兑中	坤坎兑艮巽	坤兑巽巽艮	中兑巽兑中
丙辰	坎离震乾坎	坎离乾乾巽	坎离乾兑震	坎乾震巽兑	巽乾震乾坎
丁巳	离艮坤中离	离艮中中震	离艮中乾坤	离中坤坤乾	震中坤中离
戊午	艮兑坎巽艮	艮兑巽巽坤	艮兑巽中坎	艮巽坎坎中	坤巽坎坎艮
己未	兑乾离震兑	兑乾震震坎	兑乾震巽离	兑震离离巽	坎离离离兑
庚申	乾中艮坤乾	乾中坤坤离	乾中坤震艮	乾坤艮艮震	离艮艮艮乾
辛酉	中巽兑坎中	中巽坎坎艮	中巽坎坤兑	中坎兑兑坤	艮兑兑兑中
壬戌	巽震乾离巽	震震离离兑	巽震离坎乾	巽离乾乾坎	兑乾乾乾巽
癸亥	震坤中艮震	震坤艮艮乾	震坤艮离中	震艮中中离	乾中中中震

太岁六十年禄马贵人定局①

此是六十年太岁禄马贵人。假如甲子年以甲禄在寅，五虎遁起丙，寅为真禄，申子辰年驿马亦在丙寅。若寅午戌年驿马则在己巳，以甲戌兼牛羊为贵人。阳贵人在辛未，阴贵人在丁丑。若二月修造，则将二月丁卯加在中宫，顺数。丙寅在坎为禄，亦为马。丁丑在乾为阴贵人，辛未在离为阳贵人。余仿此。本合太岁，禄马贵人为极吉之神，如修造房屋到山到向到方，为催官、发财，进禄至速。如官员上任，禄马随临，贵人集至，大为吉利。阳贵人冬至后用事尤吉，阴贵人夏至后用事尤吉。

		月	正	二	三	四	五	六	七	八	九	十	十一	十二
六甲流年	真禄	丙寅	中	坎	离	艮	兑	乾	中	巽	震	坤	坎	离
	申子辰马	丙寅	中	坎	离	艮	兑	乾	中	巽	震	坤	坎	离
	寅午戌马	壬申	坤	坎	离	艮	兑	乾	中	坎	离	艮	兑	乾
	阳贵人	辛未	坎	离	艮	兑	乾	中	坎	离	艮	兑	乾	中
六乙流年	阴贵人	丁丑	兑	坎	中	巽	震	坤	坎	离	艮	兑	乾	中
	真禄	己卯	乾	中	坎	离	艮	兑	乾	中	巽	震	坤	坎
	亥卯未年驿马	辛巳	艮	兑	乾	中	坎	离	艮	兑	乾	中	巽	震
	己酉丑年驿马	丁亥	中	巽	震	坤	坎	离	艮	兑	乾	中	巽	震
	阳贵人	甲申	坤	坎	离	艮	兑	乾	中	坎	离	艮	兑	乾
六丙流年	阴贵人	戊子	乾	中	巽	震	坤	坎	中	艮	兑	乾	中	坎
	真禄	癸巳	艮	兑	乾	中	坎	离	艮	兑	乾	中	巽	震
	申子辰年驿马	庚寅	中	坎	离	艮	兑	乾	中	巽	震	坤	坎	离
	寅午戌年驿马	丙申	坤	坎	离	艮	兑	乾	中	坎	离	艮	兑	乾
	阳贵人	丁酉	震	坤	坎	离	艮	兑	乾	中	坎	离	艮	兑
六丁流年	阴贵人	己亥	中	巽	震	坤	坎	离	艮	兑	乾	中	坎	离
	真禄	丙午	离	艮	兑	乾	中	坎	离	艮	兑	乾	中	巽
	亥卯未年驿马	乙巳	艮	兑	乾	中	坎	离	艮	兑	乾	中	巽	震
	己酉丑年驿马	辛亥	中	巽	震	坤	坎	离	艮	兑	乾	中	坎	离
	阳贵人	辛亥	中	巽	震	坤	坎	离	艮	兑	乾	中	坎	离

---

① 以月建入中宫起例。

流年	类别	干支												
六戊流年	阴贵人	己酉	震	坤	坎	离	艮	兑	乾	中	坎	离	艮	兑
	真禄	丁巳	艮	兑	乾	中	坎	离	艮	兑	乾	中	巽	震
	寅午戌年驿马	庚申	坤	坎	离	艮	兑	乾	中	坎	离	艮	兑	乾
	申子辰年驿马	甲寅	中	坎	离	艮	兑	乾	中	巽	震	坤	离	艮
	阴贵人	乙丑	兑	乾	中	巽	震	坤	坎	离	艮	兑	乾	中
六己流年	阳贵人	己未	坎	离	艮	兑	乾	中	坎	离	艮	兑	乾	中
	真禄	庚午	离	艮	兑	乾	中	坎	离	艮	兑	乾	中	巽
	己酉丑年驿马	乙亥	中	巽	震	坤	坎	离	艮	兑	乾	中	坎	离
	亥卯未年驿马	己巳	艮	兑	乾	中	巽	震	坤	坎	离	艮	兑	乾
	阳贵人	丙子	乾	中	巽	震	坤	坎	离	艮	兑	乾	中	坎
	阴贵人	壬申	坤	坎	离	艮	兑	乾	中	坎	离	艮	兑	乾
六庚流年	真禄	甲申	坤	坎	离	艮	兑	乾	中	坎	离	艮	兑	乾
	寅午戌年驿马	甲申	坤	坎	离	艮	兑	乾	中	坎	离	艮	兑	乾
	申子辰年驿马	戊寅	中	坎	离	艮	兑	乾	中	巽	震	坤	坎	离
	阳贵人 阴贵人	戊寅 壬午	中	坎	离	艮	兑	乾	中	巽	震	坤	坎	离
	一云 阳贵人 阴贵人	癸未 丁丑	离	艮	兑	乾	中	坎	离	艮	兑	乾	中	巽
六辛流年	真禄	丁酉	震	坤	坎	离	艮	兑	乾	中	坎	离	艮	兑
	亥卯未年驿马	癸巳	艮	兑	乾	中	坎	离	艮	兑	乾	中	巽	震
	己酉丑年驿马	己亥	中	巽	震	坤	坎	离	艮	兑	乾	中	坎	离
	阳贵人	甲午	中	坎	离	艮	兑	乾	中	巽	震	坤	坎	离
	阴贵人	庚寅	离	艮	兑	乾	中	坎	离	艮	兑	乾	中	巽
六壬流年	真禄	辛亥	中	巽	震	坤	坎	离	艮	兑	乾	中	坎	离
	申子辰年驿马	壬寅	中	坎	离	艮	兑	乾	中	巽	震	坤	坎	离
	寅午戌年驿马	戊申	坤	坎	离	艮	兑	乾	中	坎	离	艮	兑	乾
	阳贵人	癸卯	乾	中	坎	离	艮	兑	乾	中	巽	震	坤	坎
	阴贵人	乙巳	艮	兑	乾	中	坎	离	艮	兑	乾	中	巽	震
六癸流年	真禄	甲子	乾	中	巽	震	坤	坎	离	艮	兑	乾	中	坎
	亥卯未年驿马	丁巳	艮	兑	乾	中	坎	离	艮	兑	乾	中	巽	震
	己酉丑年驿马	癸亥	中	巽	震	坤	坎	离	艮	兑	乾	中	坎	离
	阳贵人	丁巳	艮	兑	乾	中	坎	离	艮	兑	乾	中	巽	震
	阴贵人	乙卯	乾	中	坎	离	艮	兑	乾	中	巽	震	坤	坎

逐日太阴过宫定局

太阴乃百神之主，修造逢之，诸杀不敢为恶。

月		正	二	三	四	五	六	七	八	九	十	十一	十二
初一	卯时过亥	在亥	辰时过戌	辰时过酉	辰时过申	巳时过未	巳时过午	未时过巳	未时过辰	未时过卯	未时过寅	未时过丑	午时过子
初二		在亥	在戌	在酉	在申	在未	在午	在巳	在辰	在卯	在寅	在丑	在子
初三		在亥	戌时过酉	戌时过申	亥时过未	亥时过午	亥时过巳	在巳	在辰	在卯	在寅	在丑	在子
初四		在戌	在酉	在申	在未	在午	在巳	丑时过辰	巳时过卯	丑时过寅	丑时过丑	丑时过子	寅时过亥
初五		在戌	在酉	在申	在未	在午	在巳	在辰	在卯	在寅	在丑	在子	在亥
初六		辰时过酉	辰时过申	巳时过未	巳时过午	巳时过巳	未时过辰	未时过卯	未时过寅	未时过丑	未时过子	申时过亥	酉时过戌
初七		在酉	在申	在未	在午	在巳	在辰	在卯	在寅	在丑	在子	在亥	在戌
初八		戌时过申	子时过未	子时过午	戌时过巳	在巳	在辰	在卯	在寅	在丑	在子	在亥	在戌
初九		在申	在未	在午	在巳	丑时过辰	丑时过卯	丑时过寅	丑时过丑	丑时过子	寅时过亥	卯时过戌	卯时过酉
初十		在申	在未	在午	在巳	在辰	在卯	在寅	在丑	在子	在亥	在戌	在酉
十一		巳时过未	巳时过午	巳时过巳	未时过辰	未时过卯	未时过寅	未时过丑	未时过子	申时过亥	酉时过戌	酉时过酉	酉时过申
十二		在未	在午	在巳	在辰	在卯	在寅	在丑	在子	在亥	在戌	在酉	在申
十三		亥时过午	亥时过巳	在巳	在辰	在卯	丑时过丑	在丑	在子	在亥	在戌	在酉	在申
十四		在午	在巳	丑时过辰	丑时过卯	丑时过寅	在丑	丑时过子	卯时过亥	卯时过戌	卯时过酉	卯时过申	辰时过未
十五		在午	在巳	在辰	在卯	在寅	在丑	在子	在亥	在戌	在酉	在申	在未
十六		巳时过巳	未时过辰	未时过卯	未时过寅	未时过丑	未时过子	申时过亥	酉时过戌	酉时过酉	酉时过申	戌时过未	戌时过午
十七		在巳	在辰	在卯	在寅	在丑	在子	在亥	在戌	在酉	在申	在未	在午
十八		戌时过辰	在辰	在卯	在寅	在丑	在子	在亥	在戌	在酉	在申	在未	在午
十九		在辰	丑时过卯	丑时过寅	丑时过丑	丑时过子	寅时过亥	丑时过戌	丑时过酉	卯时过申	辰时过未	辰时过午	辰时过巳
二十		在辰	在卯	在寅	在丑	在子	在亥	在戌	在酉	在申	在未	在午	在巳
二十一		未时过卯	未时过寅	未时过丑	未时过丑	申时过亥	酉时过戌	酉时过酉	酉时过申	戌时过未	在未	未时过巳	在巳

（左栏竖题：逐日太阴过宫定局）

二十二	在卯	在寅	在丑	在丑	在亥	在戌	在酉	在申	在未	戌时过午	在巳	子时过辰
二十三	丑时过寅	在寅	在丑	在丑	在亥	在戌	在酉	在申	在未	在午	在巳	在辰
二十四	在寅	子时过丑	丑时过子	寅时过亥	卯时过戌	卯时过酉	卯时卯申	未时过辰	辰时过午	辰时过巳	午时过辰	午时过卯
二十五	在寅	在丑	在子	在亥	在戌	在酉	在申	在辰	在午	在巳	在辰	在卯
二十六	未时过丑	未时过子	申时过亥	酉时过戌	酉时过酉	酉时过申	戌时过未	戌时过午	寅时过巳	在巳	在辰	在卯
二十七	在丑	在子	在亥	在戌	在酉	在申	在未	在午	在巳	子时过辰	子时过卯	子时过寅
二十八	在丑	在子	在亥	在戌	在酉	在申	在未	在午	在巳	在辰	在卯	在寅
二十九	丑时过子	寅时过亥	寅时过戌	卯时过酉	卯时过申	辰时过未	辰时过午	卯时过巳	午时过辰	午时过卯	午时过寅	午时过丑
三十	在子	在亥	在戌	在酉	在申	在未	在午	在巳	在辰	在卯	在寅	在丑

逐月太阳过宫定局[1]

正月	立春后在子，雨水后过亥	二月	惊蛰后尚在亥，春分后始过戌
三月	清明后尚在戌，谷雨后始过酉	四月	立夏后尚在酉，小满后始过申
五月	芒种后尚在申，夏至后始过未	六月	小暑后尚在未，大暑后始过午
七月	立秋后尚在午，处暑后始过巳	八月	白露后尚在巳，秋分后始过辰
九月	寒露后尚在辰，霜降后始过卯	十月	立冬后尚在卯，小雪后始过寅
十一月	大雪后尚在寅，冬至后始过丑	十二月	小寒后尚在丑，大寒后始过子

逐月节气迟早，每年时历可考。

---

[1] 修造逢之大吉。

阳宅十书卷四

论符镇第十

修宅造门，非甚有力之家，难以卒办。纵有力者，非迟延岁月，亦难遽成。若宅兆既凶，又岁月难待，惟符镇一法，可保平安。

黄石公安宅护救符镇法

黄公术传于世，普济生民，或有修造，误犯恶杀凶神，致使人财伤损，疾病连绵，多有力不能复改者。乃有黄公神符以镇之，则可以免祸，符篆俱载于后。

五岳镇宅符

凡人家宅不安，或凶神邪鬼作怪，此符镇之大吉。或夜行身带比符，诸邪不敢近。

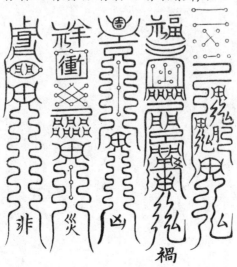

镇宅十二年土府神杀

凡修造误犯土凶神，主伤人。用桃板书符于犯处。

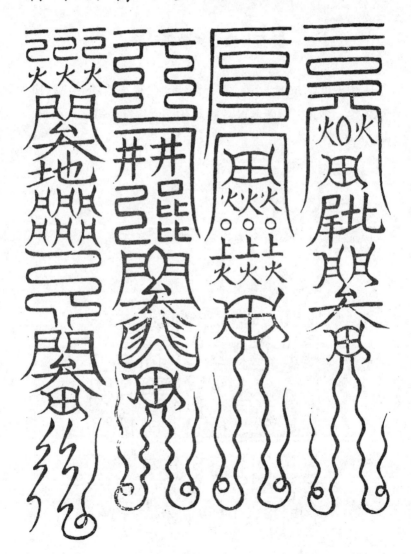

符年卯　符年寅　符年丑　符年子

辰年符　巳年符　午年符　未年符

亥年符　戌年符　酉年符　申年符

诸符用桃板一尺二寸，朱书。用僧道祭犯处，吉。

镇四方年土禁并退方神符

凡误犯三杀凶神，主伤人。用桃板朱书，符于犯处。

符年戌酉申　符年未午巳　符年辰卯寅　符年丑子亥

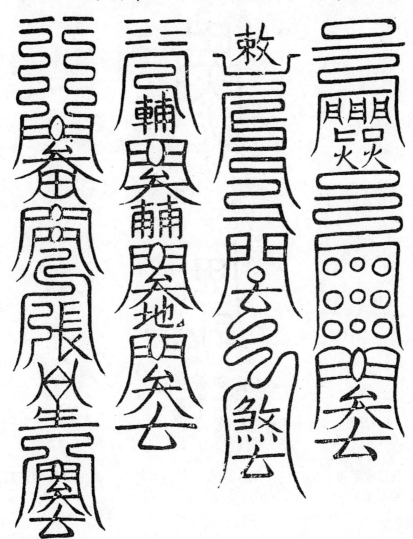

镇命元建宅有犯凶神①

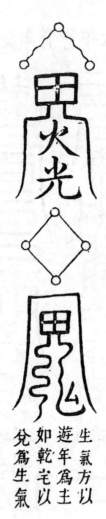

若犯庚辛为孝服之年，主人口灾病，六畜损伤，镇用白杨木，刻人形，两个于本宅生气。方头南脚北埋三尺深，以本人沐浴水泼埋处，更书此符带之。

---

① 命元即五神。

门上贴之吉

　　若误犯壬癸者，为盗贼惊恐，或为官事败财。镇用牢中土一斗，自死鼠一个，埋在本宅五鬼方门下。深一尺二寸，如乾宅以震为五鬼方，余七宅俱仿此推。

凡建宅犯卯、酉、巳，为小凶之年，主小口灾破财。用桃皮二片，朱书敕字烧灰，乳香一两，并艾煎水浴身，吉。

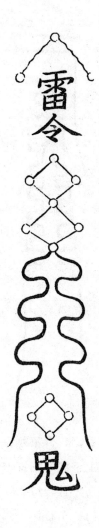

　　凡建宅犯辰戌，为大凶之年，主人家有死亡之事。镇用古墓中砖四块，填卧床脚下，吉。又书朱符带之。

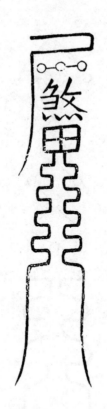

　　若犯五鬼之年，主人家破财，口舌不绝。镇用市铺土十字街中土，又用破墓土各三升和泥，泥在门上，泥处贴符吉。

　　若犯祸害之年，主六畜损伤，官非口舌，用古城墙土一斗，古井水七升和泥，作泥人七个，埋入大门，左右深一尺。若犯绝命之年，主小口多灾，用本人游年四吉位上，将古城墙土、古井水洒于上，又以车辐埋之吉。

三教救宅神符

　　若有人家人口多灾，祸害不止，此是建宅凶星高大之故。宜修改之力不能改，宜急取三教救宅神符八道，用桃木八片，朱书，分八方钉之，不数月祸害即止。

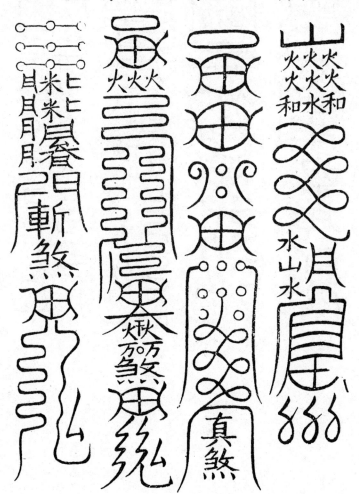

符方震　符方艮　符方坎　符方乾

符方兑　符方坤　符方離　符方巽

镇多年老宅祸患不止

　　凡老宅旺气已尽，人财损伤，用本命福德方土五升，天月二德土五升，东流水和泥，泥本宅太岁金神处，朱书神符镇之。如乾宅四十年，坤宅五十年，气尽宜改别宅，如不能改者，此法镇之吉。

镇八位卦爻反逆

　　凡宅爻神错乱者，凶。用柏板八片，长一尺二寸，朱书金刚符八方钉之，取本命福德方土，并桃杏仁各四十九，桃杏根各七根，取三家水在宅长命元五鬼位上，令祝人喷之。

剛金青　剛金賢定　剛金赤　剛金黄

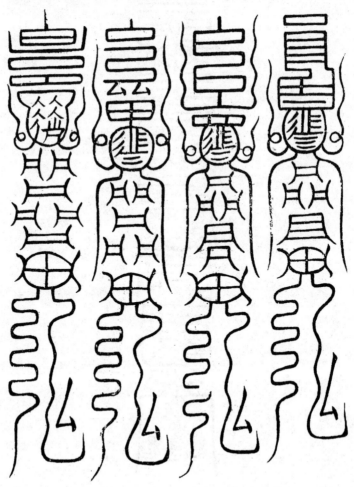

辟青金剛白鴍水金剛紫賢金剛大神金剛

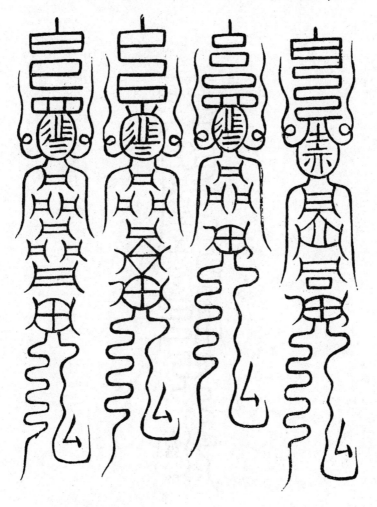

镇年月日时相克

　　凡建宅年月日时，相生比和，吉。如癸宅丙午日修造，凶。用黄石三十斤埋中宫，吉。月犯绝胎养，用狗头骨烧灰，及岁德方土和泥泥灶。桃板朱书符吉。

镇分房相克

分房年月不利，用住宅四角草四把，化灰送入他人井中，吉。如分宿克宅，用克宿石一块，埋房门下，吉。又造宅犯二十八宿，或穿临克宅者，凶。用克宿石二块五十斤书符，埋入本宅伏位下，吉，如乾宅穿临尾宿属火，用黑石二块，书符埋西北，吉。又如震宅见武曲，用红石二块五十斤书符，埋东方，吉。

镇元空装卦未顺

用桃木板四
片俱用此符
随处换张光
主文等名

敕令张光钉在生气上，敕令主文钉在天乙上，敕令主角钉在五鬼上，敕令明宗祖钉在堂门房门口，以门向定、符论天乙伏位，中宫用车辐一根上书六甲护宅符挂之。

六甲符咒

六甲護宅符

此即天師符用

天心天目天耳天光之心，克地之灵光，日月为光，急急如律令五帝敕，一气念七遍，吹在符上镇之。

修造预镇神符

凡欲修造先用牲酒，纸马，桃木板书符，各方镇之，虽犯诸杀不凶。

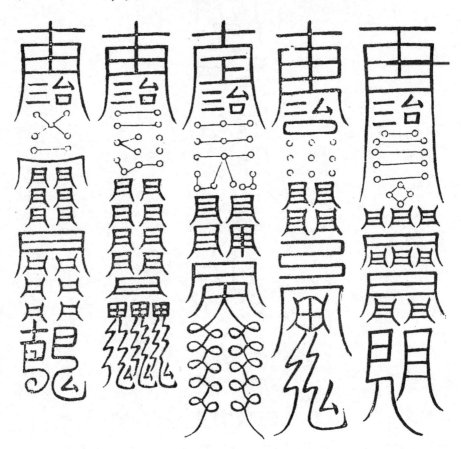

符方卯　符方寅　符方丑　符方子

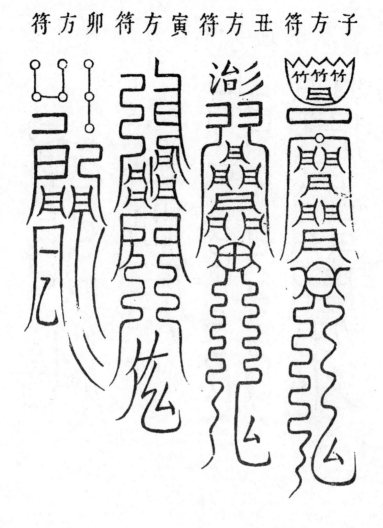

辰方符 巳方符 午方符 未方符

仙飛

符方亥　符方戌　符方酉　符方申

火　火　火　二　一　月　乙
金　金　金　夾　夾　月　山
水　水　水　水　水　月　巳
土　土　土　金　金

镇火庵远近布爻不成

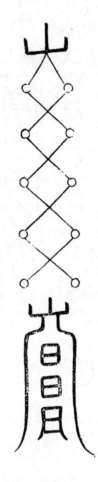

　　凡八宅，火庵远者三五十步，近者十、一十五步，用阴数最妙。须以四宅分房布卦为上，若颠倒者，大凶，宜拆改之。如不可改者，用青石一块，重一百斤，书神符，若重阴界北埋之，若重阳界南埋之，大吉。若内外布成五鬼六煞，祸害绝命，依各位镇之。假令乾宅布成震卦，为五鬼于卯上镇之，用佛座上土一斗，与酒醋和泥，泥在本屋上，吉。余依前符石镇之。

镇八宅不成卦爻拆改

凡人宅舍，四吉星宜高，四凶星宜低。若误盖凶星高，宜拆改之。用朱书神符于拆改处镇之，吉。

镇宅内移徙出火修造方道

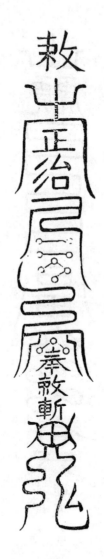

　　凡人移尼出火，急速造宅，暂移住处，须宅主年命吉方住，吉。如三十六岁，兑上是生气，兑上却无房可移，卯上有房，却犯五鬼之乡，就于

卯上居住，取四吉方水土，和泥，于卯上香火处壁上泥之，吉。朱书神符镇之。四吉即生气。福德延年，巨门是也。

凡移徙犯四凶位者，主人口多灾，用旧住宅四角土共一斗，泥灶上，吉。四凶即破军，廉贞，禄存，六煞是也。

凡徙居犯没灭者，用福德宫土一升，作泥人四个，埋住宅四角，即止。又法，埋入大门下，吉。

凡移居出火，不合大利，年月日时，与年命相冲，大凶。用柏木四片，书除灾金刚马鞍勒四片，朱书大勒鬼车辐四条书，祸去福来。明镜一个，书天尊佛像。福德土五升作土坯一个，上书二土字，用柏板八片，书前三教八方符，随处书名，埋一尺二寸深。书八宅神名，乾名刘子卿，坎名刘子伯侠，艮名任子辛，震名明子辛天，巽名张元孙，离名马伯叔，坤名黄天禽。兑名刘子孟。

移徙预镇神符

　　凡人移宅，或出火修造，年月不利，福德方位不利，预书五方神符于五方，并六甲灵符于宅中，诸凶不忌。若犯文曲星，用铁人五个，锡人三个，背书定印匠人姓名。禄存用铁人三个，白杨木三个，背书定印匠人姓名，黄绢裹之。廉贞用赤土一斗，木炭三百斤，白杨木人五个，背书定印匠人姓名，红绢裹之。破军星用桐木人五个，背书定印匠人姓名，白绢裹之。取东流水以罐盛之，香七炷，埋各位上，吉。五方符用枣木，朱书，钉各位上，吉。定印匠人姓名，即前项铸造铁锡木人匠人是也。

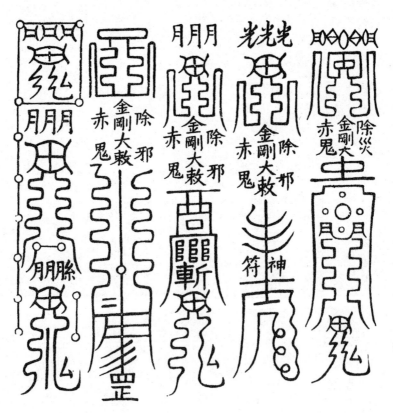

镇宅内误犯二十四位凶神

若犯太岁者，主伤家长，用马蹄二个，虎骨一两，猪羊血各一斤，桃木板一尺二寸，朱书六甲符埋犯处。太岁名蔡子明。

若犯大将军者，伤六畜官事，用白杨木七片，长一尺二寸，白杨木人三个，酒和泥，埋犯处，吉。大将军名姜无相。

若犯金神者，用白羊骨一斤，猪血一斤，生铁四两，杨柳木板三尺二寸，朱书六甲符，埋犯处。金神名商名和。

若犯大小耗者，用蛇皮古井水，安犯处并屋上，吉。大小耗名仓吉小何。

若犯岁破，用白杨木人三个，手执刀，埋犯处，吉。岁破名牛斫毒。

若犯丧门，主人口死亡。用雷惊木人二个，埋犯处，吉。

若犯蚕宫，蚕室用鼠土七升，收蚕人家节箸双锻钉一个，蜜四两，甘草三两，酒泥，神位下，吉。

若犯黄幡豹尾，用大豆三升，北方水三升，桃柳二木，羊二个，埋犯处，黄幡名狩独解。

若犯病符吊客，用赤土赤石，共藏赤瓮内，安犯处。若犯太阴等神，用屋角桑皮、月德土同埋犯处，神名贾文。

若犯灾杀、岁杀、官符、大杀等神，用灶内赤土、葡萄根、柏木板，朱书神名安犯处，神名齐白羊。

若犯伏兵、大祸、劫杀，用艮位土和泥，泥于福德位门上。又用黑石压瓮安犯处，吉。伏兵名赵，劫杀名表，大祸名载荆艾。

若犯岁刑死符，用灶中土作泥人九个放瓮内安棘针于人上，柏木板朱书神名安犯处神名乙追午。

若犯天水地火日，主伤中子。用狗头骨、猪头骨各三斤，槌碎和泥，作土坯四个，阳宅甲字上，阴宅庚字上镇之。

若犯大小月建，用土牛一个，岁德土五升，井华水合泥，泥于福德位上。

若犯灭门、大祸，用蚕沙三升，柳木人一个安犯处。

若犯年月，天坑神，主伤人。用车辐一条，小函七个，小案七个，柏木板三片，上书元亨利贞埋犯处，吉。神名庚子名。

若犯天地、土季、用梨木人三个，季方上安之，吉。

若犯八电、七鸟、九鬼、六蛇、用杏李木朱书神名，埋日辰方，吉。

神名即八电等神。

若犯归忌，主破财。用泥龟一个，埋日辰方，吉。

若犯月破，主灾厄。柏人一个，埋日辰方，吉。书神名于人上，神名晃谊。

镇外形冲射

凡人宅舍有神庙、寺观相冲射者，大凶。用大石一块，朱书玉清二字对之，吉。

凡有木箭冲射者，凶。用锛斧凿锯柏木板一尺二寸，朱书鲁班作用四字吊中堂，吉。

凡宅有探头山，主出贼盗之事。用大石一块，朱书玉帝二字，安四吉方镇之。

凡宅在寺前庙后，主人淫乱，用大石一块，朱书天蓬圣后于宅中，吉。

凡鬼箭冲宅者，凶。用石一块，朱书雷杀二字镇之。

凡庙宇房脊冲宅者，凶。用石一块，朱书摄气二字镇之。

凡道路冲宅，用大石一块，书泰山石敢当，吉。

凡邻屋脊射宅者，用大石一块，书乾元二字，吉。

凡门户碓磨相冲，用大石一块，朱书乾罡戊己四字，吉。

凡房两头接屋者，用大石一块，朱书天通二字，吉。

凡人误用神庙木料者，主邪。用朱书金刚二字于上。

凡人家修造，犯太岁穿宅，用赤石一百斤埋犯处。用天德土一升，太岁土一升，作泥人一个，送入庙中，吉。假如甲子以己为太岁穿宅，将甲子五虎起遁，起甲寅至巳，上逢丁巳，即不与甲子命同旬不忌，己巳为正太岁穿宅，大凶。余仿此。

镇四邻起土修造误犯我家土府凶神

凡邻家动土，冒犯土府者，用雷惊木三尺六寸，或一尺二寸，朱书神符三道，本宅中心钉之，诸恶不能为凶。

镇四季误犯土王杀

符神冬　符神秋　符神夏　符神春

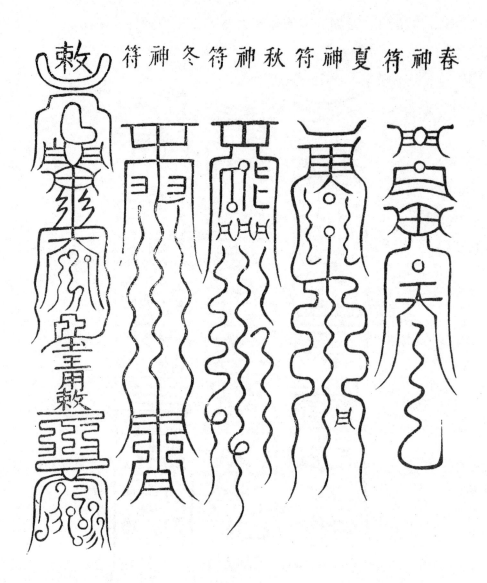

凡土王用事犯者，凶。柏板一尺二寸，朱书符于犯处，吉。

镇穿井不在利方

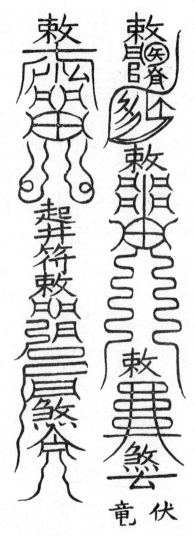

凡穿井与福德不利，主凶。用柏木二片，长一尺二寸，朱书五方神符二道。石一块，五谷一升，投入井，符钉于上。咒曰：五方井神，各安本宫，符到奉行，用水喷符，井上诵七遍。

镇宅中邪气妖鬼作怪

　　凡宅中气如烟火人鬼形，[1] 朱书酆都大帝位，用柏板一尺二寸，书符于宅中镇之，吉。

---

　　[1]　自辰至申，见吉。自酉至寅，见凶。

凡人家房屋自响者，凶。用白芷白矾青石一块，重六十斤，朱砂一钱，雄黄一钱五分，草心七根，天月德方水土各一升，泥响处，书此符贴泥上即止。

镇宅内被人暗埋压镇

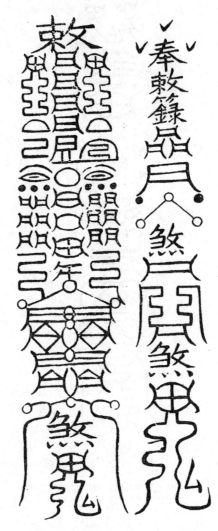

　　凡人家被人暗埋镇物，所害者必伤人。用枣木板二片，书符二道，柏木板一片，书天师符安宅中，吉。①

―――――――――

　　①　天师符见前。

镇府州县衙门不利

　　凡天下衙门，但官员到任未久，多生疾患，甚有被百姓诬告者，及本职不升者，有小口损伤者，多是远年冤枉之魂作怪故也。镇用三郡三门下土三斗，公座下土一斗，以酒和泥，泥后堂壁上，一半撒于后宅中。又用大青石一百斤，解四角，埋四方。又用虎骨、官桂各一两，远志二两，埋公座下。又用丁香、黄香、乳香、水石各一钱，荞麦、稿烧灰淋水调洒，用柏木板书符，镇于后宅中堂，吉。

镇儒学不利

　　凡天下儒学发高科，乃一县风水合三吉六秀故也。亦或有神庙、寺观冲犯，街渠土箭居于吉方，多有不利者。用桥上土七升，红枣五升，瓷瓶一个，盛之埋入圣人面前二尺，深土盖之。又用大石五块，各重一百二十斤，染为五色，各依方位埋之。其黄色石埋入梓潼帝君面前，盖土于上。书灵符以五彩币，用文星日祭之，当年多中。

镇寺观不存僧道

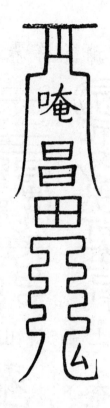

　　凡寺观不存僧道，乃地势不堪，或建殿年月不吉故也。镇之用石一块，重八十斤，面书灵符，埋入三门下。又用福德方水土和泥，泥在卧房中，则僧道自然不去也。或以柏木人一个，将头颠倒埋床下，用老石榴木人一个，各房埋入床下，吉。

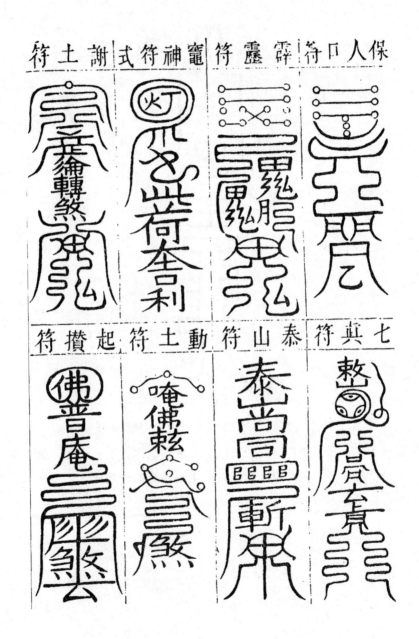

符害失鎮　侵不舌口鎮　和不子父鎮　和不孫子鎮

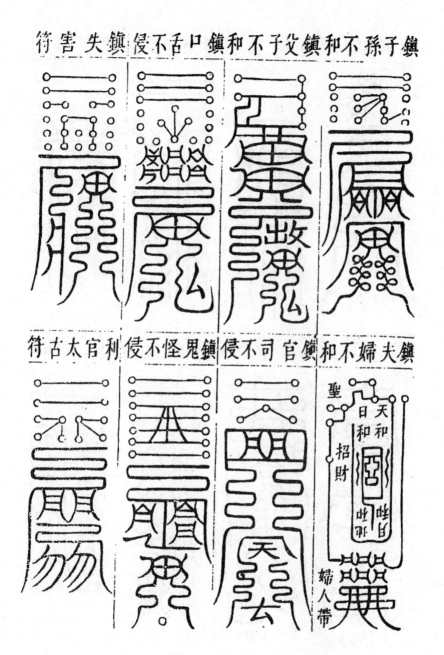

符古太官利　侵不怪鬼鎮　侵不司官鎮　和不婦夫鎮

符滅明自燈鎮　符神耗鎮　符蚕食鼠鎮　符營經利

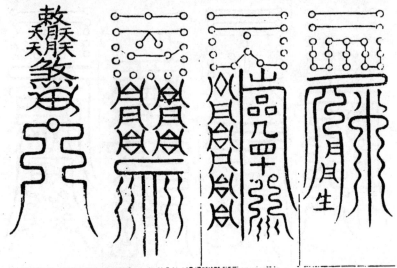

鳴母鷄鎮符吉帶午端　符神狼鎮　旺不蚕田鎮

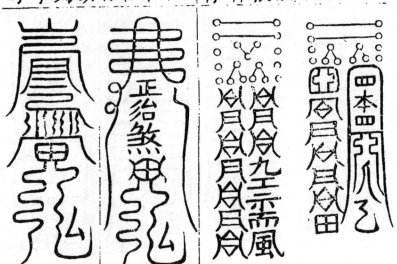

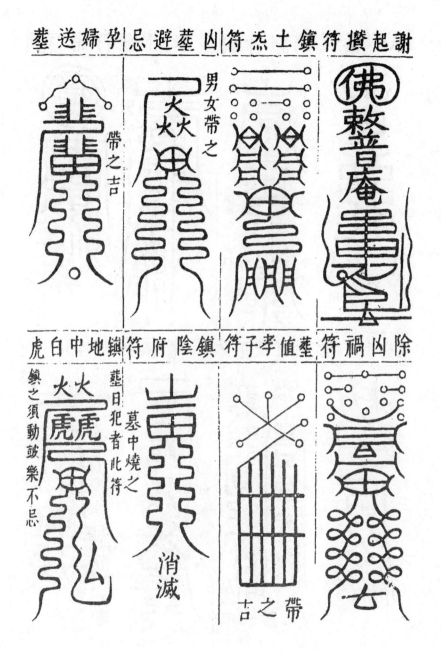

孕婦送葬

帶之吉

凶葬避忌

男女帶之

符炁土鎮

謝起攢符

佛敕普庵□□□

地中白虎

鎮之須動鈸樂不已

府陰鎮符

葬日犯者此符
墓中燒之
消滅

孝子值葬符

帶之吉

除凶禍符

符瘟鎮　符房上犬　符鳴自總　符响自門鑾

響處貼之吉

貼門上

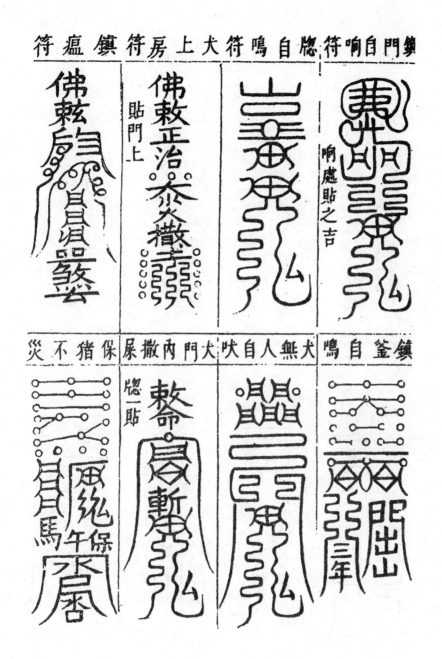

災不猪保　尿撒內門犬　吠自人無犬　鳴自釜鎮

總一貼

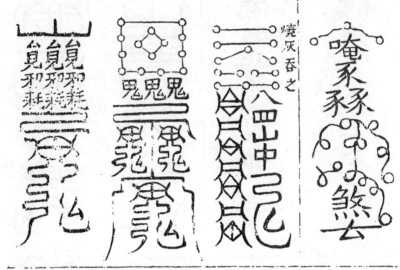

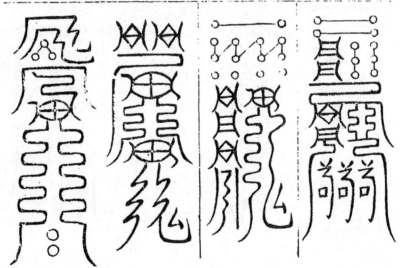

　　王子既辑《阳宅十书》成，客有质者曰：亦有宅法吉，而灾咎未尽除者乎？曰：必其人之命运方迍，时过则吉集矣。曰：亦有宅法不善，而吉庆犹安享者乎？曰：必其人之命运方亨，时过则灾至矣。盖地终不能有加于天，地利仅足以挽回天时之半。矧命根于前，而宅修于后，法自有当变通论者。然或有人修德既至，则能反灾为祥；亦或有人积恶溢满，则皆变吉为凶。此又天人感应之机，不可执定。宅术而论吁究竟至此，而宅法殆无遗义矣。

客又有质者曰："宅法尽善，则其空必有吉而无凶乎？"曰："抑不然人事有吉凶，即天道有寒暑。天无常炎，人岂有常泰？惟是宅法合吉，则顺其正命，安于正理；宅法不善，则有意外横凶，如天道灾氛之不得其正者耳。矧天地间吉少而凶多，人事不如意者，十常八九，讵可以宅法合吉而过求凶灾书免乎？记礼者载，晋献文子成室，大夫之贺文云：'歌于斯，哭于斯，聚国族于斯。'古人方营建之初，即不以泣哭为忌，此所以为圣经之文，垂世之训也。"客曰："善哉，是得宅理中正不偏之论。"

跋阳宅十书后

君子所居而安者，宅之系于身，切要矣。第世罕传习，非如茔域之书累牍连编，训释详尽，亦非如地理之家并肩接踵，讨论精明。荣少学宅术，数年未获的验，几不信有其事。晚遇隐君子赵氏古泉，得受贵州朱南峰二公，皆探索幽微，精深体验。荣敬供三载，始得讲明，洞彻诸经。历试十百宅，祸福不爽，乃知宅术果自有真。盖古仙既得奥诀，必不肯率泄轻露。即垂训一经，类多浑沦其语，覆晦其词。后人检得皮肤，辄信脂髓，甚至冒然纂锲，大误世人。弗思居宅取效，近在旬日间，毫厘千里之差，讵可容其臆度附会？荣初守浮光，臬台范含虚大人，发诸家新刻宅经，命荣改正。荣病其谬讹，难以裁削，乃辑旧闻以告。编次分门，稍出己意；画图歌诀，悉乃旧本。其间鄙俚之语，殊不甚文，然其兆应吉凶，实皆素验，未敢遽为改作。编成，则于古仙未肯真言之诀，发挥过于详悉；今人素切应用之条，摘录过于简明。惴焉自惧，罪在泄天机尽矣。大道无穷，玄机至奥；诸所未备，幸大方览者增损呈教是祈。

万历丁酉冬驻扎甘州鞏昌府食四品俸同知
前征倭司饷青社王君荣书

阳宅十书集成引

　　天地氤气至尧沴为洪水，赖神禹平治，民得奠居，然禹能奠民居而未暇安民居，自有《周书》、《通真》、《救贫》诸书，而居宅始有久安之道。乃传经者又虞轻泄，类多覆晦悠谬，令人自探幽微探讨，而不入其奥滦，于是有穿凿附会、臆度缘饰诸谬，讹状谬传，谬讹袭讹，乃有如诈刊谭化、伪作非书者，而看场矮人，合呱里耳，遂至认指为月，信赝为真。吁嗟！《宅经》兆应，析在毫毛，验在旬日；今或以是为非，以非为是，误凶为吉，混灾为祥，则《宅经》之不为《灭蛮经》者几希。本以济世，反为陷世，一大渊阱矣。东海惠泉王公性颖志精，每考一艺，必尽底蕴，其于《宅经》，更得高士真传，于是阐明福德，究正火庵；重截路分房之论，发玄空装卦之微。以上四惑，举世所远，而惠公所悟，错综于外形、内形、开门、放水等法，纵横有合，祸福无爽，总名为《阳宅十书》。是书一出，醉者醒，梦者觉；危病者宁，夭扎者寿；孤悍者繁衍，贱贫者贵富，举一世而跻之，熙宇春台，厥功讵不峻哉！战国世邪说横滋，孟夫子以七篇辟正，说者谓功不在禹下。今伪刻盛传，宅术舛鳌，惠泉以《十书》救解，予谓功不在子舆下。

万历庚寅三月上浣之吉念居士申阳何洛文题

金陵卓观楼重梓

周易书斋精品书目

书　　名	作　　者	定　价	版别
影印涵芬楼本正统道藏 [典藏宣纸版；全 512 函 1120 册]	[明]张宇初编	480000.00	九州
影印涵芬楼本正统道藏 [再造善本；全 512 函 1120 册]	[明]张宇初编	280000.00	九州
重刊术藏[全 6 箱，精装 100 册]	谢路军郑同主编	68000.00	九州
续修术藏[全 6 箱，精装 100 册]	谢路军郑同主编	68000.00	九州
易藏[全 6 箱，精装 60 册]	谢路军郑同主编	48000.00	九州
道藏[全 6 箱，精装 60 册]	谢路军郑同主编	48000.00	九州
焦循文集[全精装 18 册]	[清]焦循撰	9800.00	九州
邵子全书[全精装 15 册]	[宋]邵雍撰	9600.00	九州
子部珍本备要（以下为分函购买价格）		178000.00	九州
001 峋嵝神书	宣纸线装 1 函 1 册	280.00	九州
002 地理啖蔗録	宣纸线装 1 函 4 册	880.00	九州
003 地理玄珠精选	宣纸线装 1 函 4 册	880.00	九州
004 地理琢玉斧峦头歌括	宣纸线装 1 函 4 册	880.00	九州
005 金氏地学粹编	宣纸线装 3 函 8 册	1840.00	九州
006 风水一书	宣纸线装 1 函 4 册	880.00	九州
007 风水二书	宣纸线装 1 函 4 册	880.00	九州
008 增注周易神应六亲百章海底眼	宣纸线装 1 函 1 册	280.00	九州
009 卜易指南	宣纸线装 1 函 1 册	280.00	九州
010 大六壬占验	宣纸线装 1 函 1 册	280.00	九州
011 真本六壬神课金口诀	宣纸线装 1 函 3 册	680.00	九州
012 太乙指津	宣纸线装 1 函 2 册	480.00	九州
013 太乙金钥匙 太乙金钥匙续集	宣纸线装 1 函 1 册	280.00	九州
014 奇门遁甲占验天时	宣纸线装 1 函 2 册	480.00	九州
015 南阳掌珍遁甲	宣纸线装 1 函 1 册	280.00	九州
016 达摩易筋经 易筋经外经图说 八段锦	宣纸线装 1 函 1 册	280.00	九州
017 钦天监彩绘真本推背图	宣纸线装 1 函 2 册	680.00	九州
018 清抄全本玉函通秘	宣纸线装 1 函 3 册	680.00	九州
019 灵棋经	宣纸线装 1 函 1 册	280.00	九州
020 道藏灵符秘法	宣纸线装 4 函 9 册	2100.00	九州
021 地理青囊玉尺度金针集	宣纸线装 1 函 6 册	1280.00	九州
022 奇门秘传九宫纂要	宣纸线装 1 函 1 册	280.00	九州

书　名	作　者	定　价	版别
023 影印清抄耕寸集—真本子平真诠	宣纸线装1函2册	480.00	九州
024 新刊合并官板音义评注渊海子平	宣纸线装1函2册	480.00	九州
025 影抄宋本五行精纪	宣纸线装1函6册	1080.00	九州
026 影印明刻阴阳五要奇书1—郭氏阴阳元经	宣纸线装1函2册	480.00	九州
027 影印明刻阴阳五要奇书2—克择璇玑括要	宣纸线装1函1册	280.00	九州
028 影印明刻阴阳五要奇书3—阳明按索图	宣纸线装1函2册	480.00	九州
029 影印明刻阴阳五要奇书4—佐玄直指	宣纸线装1函2册	480.00	九州
030 影印明刻阴阳五要奇书5—三白宝海钩玄	宣纸线装1函1册	280.00	九州
031 相命图诀许负相法十六篇合刊	宣纸线装1函1册	280.00	九州
032 玉掌神相神相铁关刀合刊	宣纸线装1函1册	280.00	九州
033 古本太乙淘金歌	宣纸线装1函1册	280.00	九州
034 重刊地理葬埋黑通书	宣纸线装1函2册	480.00	九州
035 壬归	宣纸线装1函2册	480.00	九州
036 大六壬苗公鬼撮脚二种合刊	宣纸线装1函1册	280.00	九州
037 大六壬鬼撮脚射覆	宣纸线装1函2册	480.00	九州
038 大六壬金柜经	宣纸线装1函1册	280.00	九州
039 纪氏奇门秘书仕学备余	宣纸线装1函1册	280.00	九州
040 八门九星阴阳二遁全本奇门断	宣纸线装2函18册	3680.00	九州
041 李卫公奇门心法	宣纸线装1函1册	280.00	九州
042 武侯行兵遁甲金函玉镜海底眼	宣纸线装1函1册	280.00	九州
043 诸葛武侯奇门千金诀	宣纸线装1函1册	280.00	九州
044 隔夜神算	宣纸线装1函1册	280.00	九州
045 地理五种秘笈合刊	宣纸线装1函1册	280.00	九州
046 地理雪心赋句解	宣纸线装1函2册	480.00	九州
047 九天玄女青囊经	宣纸线装1函1册	280.00	九州
048 考定撼龙经	宣纸线装1函1册	280.00	九州
049 刘江东家藏善本葬书	宣纸线装1函1册	280.00	九州
050 杨公六段玄机赋杨筠松安门楼玉辇经合刊	宣纸线装1函1册	280.00	九州
051 风水金鉴	宣纸线装1函1册	280.00	九州
052 新镌碎玉剖秘地理不求人	宣纸线装1函2册	480.00	九州
053 阳宅八门金光斗临经	宣纸线装1函1册	280.00	九州
054 新镌徐氏家藏罗经顶门针	宣纸线装1函2册	480.00	九州
055 影印乾隆丙午刻本地理五诀	宣纸线装1函4册	880.00	九州
056 地理诀要雪心赋	宣纸线装1函2册	480.00	九州
057 蒋氏平阶家藏善本插泥剑	宣纸线装1函1册	280.00	九州

书　名	作　者	定　价	版别
058 蒋大鸿家传地理归厚录	宣纸线装1函1册	280.00	九州
059 蒋大鸿家传三元地理秘书	宣纸线装1函1册	280.00	九州
060 蒋大鸿家传天星选择秘旨	宣纸线装1函1册	280.00	九州
061 撼龙经批注校补	宣纸线装1函4册	880.00	九州
062 疑龙经批注校补一全	宣纸线装1函1册	280.00	九州
063 种筠书屋较订山法诸书	宣纸线装1函2册	480.00	九州
064 堪舆倒杖诀 拨砂经遗篇 合刊	宣纸线装1函1册	280.00	九州
065 认龙天宝经	宣纸线装1函1册	280.00	九州
066 天机望龙经刘氏心法 杨公骑龙穴诗合刊	宣纸线装1函1册	280.00	九州
067 风水一夜仙秘传三种合刊	宣纸线装1函1册	280.00	九州
068 新镌地理八窍	宣纸线装1函2册	480.00	九州
069 地理解醒	宣纸线装1函1册	280.00	九州
070 峦头指迷	宣纸线装1函3册	680.00	九州
071 茅山上清灵符	宣纸线装1函2册	480.00	九州
072 茅山上清镇禳摄制秘法	宣纸线装1函1册	280.00	九州
073 天医祝由科秘抄	宣纸线装1函2册	480.00	九州
074 千镇百镇桃花镇	宣纸线装1函2册	480.00	九州
075 轩辕碑记医学祝由十三科治病奇书合刊	宣纸线装1函1册	280.00	九州
076 清抄真本祝由科秘诀全书	宣纸线装1函3册	680.00	九州
077 增补秘传万法归宗	宣纸线装1函2册	480.00	九州
078 祝由科诸符秘卷祝由科诸符秘旨合刊	宣纸线装1函1册	280.00	九州
079 辰州符咒大全	宣纸线装1函4册	880.00	九州
080 万历初刻三命通会	宣纸线装2函12册	2480.00	九州
081 新编三车一览子平渊源注解	宣纸线装1函3册	680.00	九州
082 命理用神精华	宣纸线装1函3册	680.00	九州
083 命学探骊集	宣纸线装1函1册	280.00	九州
084 相诀摘要	宣纸线装1函2册	480.00	九州
085 相法秘传	宣纸线装1函1册	280.00	九州
086 新编相法五总龟	宣纸线装1函1册	280.00	九州
087 相学统宗心易秘传	宣纸线装1函2册	480.00	九州
088 秘本大清相法	宣纸线装1函2册	480.00	九州
089 相法易知	宣纸线装1函1册	280.00	九州
090 星命风水秘传	宣纸线装1函1册	280.00	九州
091 大六壬隔山照	宣纸线装1函2册	480.00	九州
092 大六壬考正	宣纸线装1函1册	280.00	九州

书 名	作 者	定 价	版别
093 大六壬类阐	宣纸线装1函2册	480.00	九州
094 六壬心镜集注	宣纸线装1函1册	280.00	九州
095 遁甲吾学编	宣纸线装1函2册	480.00	九州
096 刘明江家藏善本奇门衍象	宣纸线装1函1册	280.00	九州
097 遁甲天书秘文	宣纸线装1函2册	480.00	九州
098 金枢符应秘文	宣纸线装1函2册	480.00	九州
099 秘传金函奇门隐遁丁甲法书	宣纸线装1函2册	480.00	九州
100 六壬行军指南	宣纸线装2函10册	2080.00	九州
101 家藏阴阳二宅秘诀线法	宣纸线装1函2册	480.00	九州
102 阳宅一书阴宅一书合刊	宣纸线装1函1册	280.00	九州
103 地理法门全书	宣纸线装1函1册	280.00	九州
104 四真全书玉钥匙	宣纸线装1函1册	280.00	九州
105 重刊官板玉髓真经	宣纸线装1函4册	880.00	九州
106 明刊阳宅真诀	宣纸线装1函2册	480.00	九州
107 阳宅指南	宣纸线装1函1册	280.00	九州
108 阳宅秘传三书	宣纸线装1函1册	280.00	九州
109 阳宅都天滚盘珠	宣纸线装1函1册	280.00	九州
110 纪氏地理水法要诀	宣纸线装1函1册	280.00	九州
111 李默斋先生地理辟径集	宣纸线装1函2册	480.00	九州
112 李默斋先生辟径集续篇 地理秘缺	宣纸线装1函2册	480.00	九州
113 地理辨正自解	宣纸线装1函1册	280.00	九州
114 形家五要全编	宣纸线装1函4册	880.00	九州
115 地理辨正抉要	宣纸线装1函1册	280.00	九州
116 地理辨正揭隐	宣纸线装1函1册	280.00	九州
117 地学铁骨秘	宣纸线装1函1册	280.00	九州
118 地理辨正发秘初稿	宣纸线装1函1册	280.00	九州
119 三元宅墓图	宣纸线装1函1册	280.00	九州
120 参赞玄机地理仙婆集	宣纸线装2函8册	1680.00	九州
121 幕讲禅师玄空秘旨浅注外七种	宣纸线装1函1册	280.00	九州
122 玄空挨星图诀	宣纸线装1函1册	280.00	九州
123 影印稿本玄空地理筌蹄	宣纸线装1函1册	280.00	九州
124 玄空古义四种通释	宣纸线装1函2册	480.00	九州
125 地理疑义答问	宣纸线装1函1册	280.00	九州
126 王元极地理辨正冒禁录	宣纸线装1函1册	280.00	九州
127 王元极校补天元选择辨正	宣纸线装1函3册	680.00	九州

书 名	作 者	定 价	版别
128 王元极选择辨真全书	宣纸线装1函1册	280.00	九州
129 王元极增批地理冰海原本地理冰海合刊	宣纸线装1函1册	280.00	九州
130 王元极三元阳宅萃篇	宣纸线装1函2册	480.00	九州
131 尹一勺先生地理精语	宣纸线装1函1册	280.00	九州
132 古本地理元真	宣纸线装1函2册	480.00	九州
133 杨公秘本搜地灵	宣纸线装1函1册	280.00	九州
134 秘藏千里眼	宣纸线装1函1册	280.00	九州
135 道光刊本地理或问	宣纸线装1函1册	280.00	九州
136 影印稿本地理秘诀	宣纸线装1函2册	480.00	九州
137 地理秘诀隔山照 地理括要 合刊	宣纸线装1函1册	280.00	九州
138 地理前后五十段	宣纸线装1函2册	480.00	九州
139 心耕书屋藏本地经图说	宣纸线装1函1册	280.00	九州
140 地理古本道法双谭	宣纸线装1函1册	280.00	九州
141 奇门遁甲元灵经	宣纸线装1函1册	280.00	九州
142 黄帝遁甲归藏大意 白猿真经 合刊	宣纸线装1函1册	280.00	九州
143 遁甲符应经	宣纸线装1函2册	480.00	九州
144 遁甲通明钤	宣纸线装1函1册	280.00	九州
145 景祐奇门秘纂	宣纸线装1函2册	480.00	九州
146 奇门先天要论	宣纸线装1函2册	480.00	九州
147 御定奇门古本	宣纸线装1函2册	480.00	九州
148 奇门吉凶格解	宣纸线装1函1册	280.00	九州
149 御定奇门宝鉴	宣纸线装1函3册	680.00	九州
150 奇门阐易	宣纸线装1函2册	480.00	九州
151 六壬总论	宣纸线装1函1册	280.00	九州
152 稿抄本大六壬翠羽歌	宣纸线装1函1册	280.00	九州
153 都天六壬神课	宣纸线装1函1册	280.00	九州
154 大六壬易简	宣纸线装1函2册	480.00	九州
155 太上六壬明鉴符阴经	宣纸线装1函1册	280.00	九州
156 增补关煞袖里金百中经	宣纸线装1函1册	280.00	九州
157 演禽三世相法	宣纸线装1函2册	480.00	九州
158 合婚便览 和合婚姻咒 合刊	宣纸线装1函1册	280.00	九州
159 神数十种	宣纸线装1函1册	280.00	九州
160 神机灵数一掌经金钱课合刊	宣纸线装1函1册	280.00	九州
161 阴阳二宅易知录	宣纸线装1函2册	480.00	九州
162 阴宅镜	宣纸线装1函2册	480.00	九州
163 阳宅镜	宣纸线装1函1册	280.00	九州

书　名	作　者	定　价	版别
164 清精抄本六圃地学	宣纸线装1函1册	280.00	九州
165 形峦神断书	宣纸线装1函1册	280.00	九州
166 堪舆三昧	宣纸线装1函1册	280.00	九州
167 遁甲奇门捷要	宣纸线装1函1册	280.00	九州
168 奇门遁甲备览	宣纸线装1函1册	280.00	九州
169 原传真本石室藏本圆光真传秘诀合刊	宣纸线装1函1册	280.00	九州
170 明抄全本壬归	宣纸线装1函4册	880.00	九州
171 董德彰水法秘诀水法断诀合刊	宣纸线装1函1册	280.00	九州
172 董德彰先生水法图说	宣纸线装1函1册	280.00	九州
173 董德彰先生泄天机纂要	宣纸线装1函2册	480.00	九州
174 李默斋先生地理秘传	宣纸线装1函2册	480.00	九州
175 新锓希夷陈先生紫微斗数全书	宣纸线装1函3册	680.00	九州
176 海源阁藏明刊麻衣相法全编	宣纸线装1函2册	480.00	九州
177 袁忠彻先生相法秘传	宣纸线装1函3册	680.00	九州
178 火珠林要旨 筮杙	宣纸线装1函2册	480.00	九州
179 火珠林占法秘传 续筮杙	宣纸线装1函1册	280.00	九州
180 六壬类聚	宣纸线装1函4册	880.00	九州
181 新刻麻衣相神异赋	宣纸线装1函1册	280.00	九州
182 诸葛武侯奇门遁甲全书	宣纸线装1函2册	480.00	九州
183 张九仪传地理偶摘	宣纸线装1函1册	280.00	九州
184 张九仪传地理偶注	宣纸线装1函1册	280.00	九州
185 阳宅玄珠	宣纸线装1函1册	280.00	九州
186 阴宅总论	宣纸线装1函1册	280.00	九州
187 新刻杨救贫秘传阴阳二宅便用统宗	宣纸线装1函1册	280.00	九州
188 增补理气图说	宣纸线装1函2册	480.00	九州
189 增补罗经图说	宣纸线装1函1册	280.00	九州
190 重镌官板阳宅大全	宣纸线装1函4册	880.00	九州
191 景祐太乙福应经	宣纸线装1函1册	280.00	九州
192 景祐遁甲符应经	宣纸线装1函1册	280.00	九州
193 景祐六壬神定经	宣纸线装1函1册	280.00	九州
194 御制禽遁符应经	宣纸线装1函2册	480.00	九州
195 秘传匠家鲁班经符法	宣纸线装1函3册	680.00	九州
196 哈佛藏本太史黄际飞注天玉经	宣纸线装1函1册	280.00	九州
197 李三素先生红囊经解	宣纸线装1函1册	280.00	九州
198 杨曾青囊天玉通义	宣纸线装1函1册	280.00	九州
199 重编大清钦天监焦秉贞彩绘历代推背图解	宣纸线装1函2册	680.00	九州

书 名	作 者	定 价	版别
200 道光初刻相理衡真	宣纸线装1函4册	880.00	九州
201 新刻袁柳庄先生秘传相法	宣纸线装1函3册	680.00	九州
202 袁忠彻相法古今识鉴	宣纸线装1函2册	480.00	九州
203 袁天纲五星三命指南	宣纸线装1函2册	480.00	九州
204 新刻五星玉镜	宣纸线装1函3册	680.00	九州
205 游艺录:筮遁壬行年斗数相宅	宣纸线装1函1册	280.00	九州
206 新订王氏罗经透解	宣纸线装1函2册	480.00	九州
207 堪舆真诠	宣纸线装1函3册	680.00	九州
208 青囊天机奥旨二种	宣纸线装1函1册	280.00	九州
209 张九仪传地理偶录	宣纸线装1函1册	280.00	九州
210 地学形势集	宣纸线装1函8册	1680.00	九州
重刻故宫藏百二汉镜斋秘书四种(一):火珠林	宣纸线装1函1册	300.00	华龄
重刻故宫藏百二汉镜斋秘书四种(二):灵棋经	宣纸线装1函1册	300.00	华龄
重刻故宫藏百二汉镜斋秘书四种(三):滴天髓	宣纸线装1函1册	3000.00	华龄
重刻故宫藏百二汉镜斋秘书四种(四):测字秘牒	宣纸线装1函1册	300.00	华龄
中外戏法图说:鹅幻汇编鹅幻余编合刊	宣纸线装1函3册	780.00	华龄
连山[宣纸线装一函一册]	[清]马国翰辑	280.00	华龄
归藏[宣纸线装一函一册]	[清]马国翰辑	280.00	华龄
周易虞氏义笺订[宣纸线装一函六册]	[清]李翊灼订	1180.00	华龄
周易参同契通真义	宣纸线装1函2册	480.00	华龄
御制周易[宣纸线装一函三册]	武英殿影宋本	680.00	华龄
宋刻周易本义[宣纸线装一函四册]	[宋]朱熹撰	980.00	华龄
易学启蒙[宣纸线装一函二册]	[宋]朱熹撰	480.00	华龄
易余[宣纸线装一函二册]	[明]方以智撰	480.00	九州
奇门鸣法[宣纸线装一函二册]	[清]龙伏山人撰	680.00	华龄
奇门衍象[宣纸线装一函二册]	[清]龙伏山人撰	480.00	华龄
奇门枢要[宣纸线装一函二册]	[清]龙伏山人撰	480.00	华龄
奇门仙机[宣纸线装一函三册]	王力军校订	298.00	华龄
奇门心法秘纂[宣纸线装一函三册]	王力军校订	298.00	华龄
御定奇门秘诀[宣纸线装一函三册]	[清]湖海居士辑	680.00	华龄
宫藏奇门大全[线装五函二十五册]	[清]湖海居士辑	6800.00	影印
遁甲奇门秘传要旨大全[线装二函十册]	[清]范阳耐寒子辑	6200.00	影印
增广神相全编[线装一函四册]	[明]袁珙订正	980.00	影印
龙伏山人存世文稿[宣纸线装五函十册]	[清]矫子阳撰	2800.00	九州
奇门遁甲鸣法[宣纸线装一函二册]	[清]矫子阳撰	680.00	九州
奇门遁甲衍象[宣纸线装一函二册]	[清]矫子阳撰	480.00	九州

书　　名	作　者	定　价	版别
奇门遁甲枢要[宣纸线装一函二册]	[清]矫子阳撰	480.00	九州
遯甲括囊集[宣纸线装一函三册]	[清]矫子阳撰	980.00	九州
增注蒋公古镜歌[宣纸线装一函一册]	[清]矫子阳撰	180.00	九州
明抄真本梅花易数[宣纸线装一函三册]	[宋]邵雍撰	480.00	九州
古本皇极经世书[宣纸线装一函三册]	[宋]邵雍撰	980.00	九州
订正六壬金口诀[宣纸线装一函六册]	[清]巫国匡辑	1280.00	华龄
六壬神课金口诀[宣纸线装一函三册]	[明]适适子撰	298.00	华龄
改良三命通会[宣纸线装一函四册,第二版]	[明]万民英撰	980.00	华龄
增补选择通书玉匣记[宣纸线装一函二册]	[晋]许逊撰	480.00	华龄
阳宅三要	宣纸线装1函3册	298.00	华龄
绘图全本鲁班经匠家镜	宣纸线装1函4册	680.00	华龄
青囊海角经	宣纸线装1函4册	680.00	华龄
菊逸山房天函:地理点穴撼龙经	宣纸线装1函3册	680.00	华龄
菊逸山房地函:秘藏疑龙经大全	宣纸线装1函1册	280.00	华龄
菊逸山房人函:杨公秘本山法备收	宣纸线装1函1册	280.00	华龄
珍本1:校正全本地学答问	宣纸线装1函3册	680.00	华龄
珍本2:赖仙原本催官经	宣纸线装1函1册	280.00	华龄
珍本3:赖仙催官篇注	宣纸线装1函1册	280.00	华龄
珍本4:尹注赖仙催官篇	宣纸线装1函1册	280.00	华龄
珍本5:赖仙心印	宣纸线装1函1册	280.00	华龄
珍本6:新刻赖太素天星催官解	宣纸线装1函2册	480.00	华龄
珍本7:天机秘传青囊内传	宣纸线装1函1册	280.00	华龄
珍本8:阳宅斗首连篇秘授	宣纸线装1函1册	280.00	华龄
珍本9:精刻编集阳宅真传秘诀	宣纸线装1函2册	480.00	华龄
珍本10:秘传全本六壬玉连环	宣纸线装1函2册	480.00	华龄
珍本11:秘传仙授奇门	宣纸线装1函2册	480.00	华龄
珍本12:祝由科诸符秘卷祝由科诸符秘旨合刊	宣纸线装1函2册	480.00	华龄
珍本13:校正古本入地眼图说	宣纸线装1函2册	480.00	华龄
珍本14:校正全本钻地眼图说	宣纸线装1函2册	480.00	华龄
珍本15:赖公七十二葬法	宣纸线装1函2册	480.00	华龄
珍本16:新刻杨筠松秘传开门放水阴阳捷径	宣纸线装1函2册	480.00	华龄
珍本17:校正古本地理五诀	宣纸线装1函2册	480.00	华龄
珍本18:重校古本地理雪心赋	宣纸线装1函2册	480.00	华龄
珍本19:宋国师吴景鸾先天后天理气心印补注	宣纸线装1函1册	280.00	华龄
珍本20:新刊宋国师吴景鸾秘传夹竹梅花院纂	宣纸线装1函2册	480.00	华龄
珍本21:影印原本任铁樵注滴天髓阐微	宣纸线装1函4册	980.00	华龄

书 名	作 者	定 价	版别
增补四库青乌辑要[宣纸线装全18函59册]	郑同校	11680.00	九州
第1种:宅经[宣纸线装1册]	[署]黄帝撰	180.00	九州
第2种:葬书[宣纸线装1册]	[晋]郭璞撰	220.00	九州
第3种:青囊序青囊奥语天玉经[宣纸线装1册]	[唐]杨筠松撰	220.00	九州
第4种:黄囊经[宣纸线装1册]	[唐]杨筠松撰	220.00	九州
第5种:黑囊经[宣纸线装2册]	[唐]杨筠松撰	380.00	九州
第6种:锦囊经[宣纸线装1册]	[晋]郭璞撰	200.00	九州
第7种:天机贯旨红囊经[宣纸线装2册]	[清]李三素撰	380.00	九州
第8种:玉函天机素书/至宝经[宣纸线装1册]	[明]董德彰撰	200.00	九州
第9种:天机一贯[宣纸线装2册]	[清]李三素撰辑	380.00	九州
第10种:撼龙经[宣纸线装1册]	[唐]杨筠松撰	200.00	九州
第11种:疑龙经葬法倒杖[宣纸线装1册]	[唐]杨筠松撰	220.00	九州
第12种:疑龙经辨正[宣纸线装1册]	[唐]杨筠松撰	200.00	九州
第13种:寻龙记太华经[宣纸线装1册]	[唐]曾文辿撰	220.00	九州
第14种:宅谱要典[宣纸线装2册]	[清]铣溪野人校	380.00	九州
第15种:阳宅必用[宣纸线装2册]	心灯大师校订	380.00	九州
第16种:阳宅撮要[宣纸线装2册]	[清]吴鼐撰	380.00	九州
第17种:阳宅正宗[宣纸线装1册]	[清]姚承舆撰	200.00	九州
第18种:阳宅指掌[宣纸线装2册]	[清]黄海山人撰	380.00	九州
第19种:相宅新编[宣纸线装1册]	[清]焦循校刊	240.00	九州
第20种:阳宅井明[宣纸线装2册]	[清]邓颖出撰	380.00	九州
第21种:阴宅井明[宣纸线装1册]	[清]邓颖出撰	220.00	九州
第22种:灵城精义[宣纸线装2册]	[南唐]何溥撰	380.00	九州
第23种:龙穴砂水说[宣纸线装1册]	清抄秘本	180.00	九州
第24种:三元水法秘诀[宣纸线装2册]	清抄秘本	380.00	九州
第25种:罗经秘传[宣纸线装2册]	[清]傅禹辑	380.00	九州
第26种:穿山透地真传[宣纸线装2册]	[清]张九仪撰	380.00	九州
第27种:催官篇发微论[宣纸线装2册]	[宋]赖文俊撰	380.00	九州
第28种:入地眼神断要诀[宣纸线装2册]	清抄秘本	380.00	九州
第29种:玄空大卦秘断[宣纸线装1册]	清抄秘本	200.00	九州
第30种:玄空大五行真传口诀[宣纸线装1册]	[明]蒋大鸿等撰	220.00	九州
第31种:杨曾九宫颠倒打劫图说[宣纸线装1册]	[唐]杨筠松撰	200.00	九州
第32种:乌兔经奇验经[宣纸线装1册]	[唐]杨筠松撰	180.00	九州
第33种:挨星考注[宣纸线装1册]	[清]汪董缘订定	260.00	九州
第34种:地理挨星说汇要[宣纸线装1册]	[明]蒋大鸿撰辑	220.00	九州
第35种:地理捷诀[宣纸线装1册]	[清]傅禹辑	200.00	九州

书　　名	作　者	定　价	版别
第 36 种:地理三仙秘旨[宣纸线装 1 册]	清抄秘本	200.00	九州
第 37 种:地理三字经[宣纸线装 3 册]	[清]程思乐撰	580.00	九州
第 38 种:地理雪心赋注解[宣纸线装 2 册]	[唐]卜则巍撰	380.00	九州
第 39 种:蒋公天元余义[宣纸线装 1 册]	[明]蒋大鸿等撰	220.00	九州
第 40 种:地理真传秘旨[宣纸线装 3 册]	[唐]杨筠松撰	580.00	九州
增补四库未收方术汇刊第一辑(全 28 函)	线装影印本	11800.00	九州
第一辑 01 函:火珠林・卜筮正宗	[宋]麻衣道者著	340.00	九州
第一辑 02 函:全本增删卜易・增删卜易真诠	[清]野鹤老人撰	720.00	九州
第一辑 03 函:渊海子平音义评注・子平真诠・命理易知	[明]杨淙增校	360.00	九州
第一辑 04 函:滴天髓:附滴天秘诀・穷通宝鉴:附月谈赋	[宋]京图撰	360.00	九州
第一辑 05 函:参星秘要诹吉便览・玉函斗首三台通书・精校三元总录	[清]俞荣宽撰	460.00	九州
第一辑 06 函:陈子性藏书	[清]陈应选撰	580.00	九州
第一辑 07 函:崇正辟谬永吉通书・选择求真	[清]李奉来辑	500.00	九州
第一辑 08 函:增补选择通书玉匣记・永宁通书	[晋]许逊撰	400.00	九州
第一辑 09 函:新增阳宅爱众篇	[清]张觉正撰	480.00	九州
第一辑 10 函:地理四弹子・地理铅弹子砂水要诀	[清]张九仪注	320.00	九州
第一辑 11 函:地理五诀	[清]赵九峰著	200.00	九州
第一辑 12 函:地理直指原真	[清]释如玉撰	280.00	九州
第一辑 13 函:宫藏真本入地眼全书	[宋]释静道著	680.00	九州
第一辑 14 函:罗经顶门针・罗经解定・罗经透解	[明]徐之镆撰	360.00	九州
第一辑 15 函:校正详图青囊经・平砂玉尺经・地理辨正疏	[清]王宗臣著	300.00	九州
第一辑 16 函:一贯堪舆	[明]唐世友辑	240.00	九州
第一辑 17 函:阳宅大全・阳宅十书	[明]一壑居士集	600.00	九州
第一辑 18 函:阳宅大成五种	[清]魏青江撰	600.00	九州
第一辑 19 函:奇门五总龟・奇门遁甲统宗大全・奇门遁甲元灵经	[明]池纪撰	500.00	九州
第一辑 20 函:奇门遁甲秘笈全书	[明]刘伯温辑	280.00	九州
第一辑 21 函:奇门庐中阐秘	[汉]诸葛武侯撰	600.00	九州
第一辑 22 函:奇门遁甲元机・太乙秘书・六壬大占	[宋]岳珂纂辑	360.00	九州
第一辑 23 函:性命圭旨	[明]尹真人撰	480.00	九州
第一辑 24 函:紫微斗数全书	[宋]陈抟撰	200.00	九州
第一辑 25 函:千镇百镇桃花镇	[清]云石道人校	220.00	九州
第一辑 26 函:清抄真本祝由科秘诀全书・轩辕碑记医学祝由十三科	[上古]黄帝传	800.00	九州
第一辑 27 函:增补秘传万法归宗	[唐]李淳风撰	160.00	九州

书　名	作　者	定　价	版别
第一辑 28 函:神机灵数—掌经金钱课·牙牌神数七种·珍本演禽三世相法	[清]诚文信校	440.00	九州
增补四库未收方术汇刊第二辑(全 36 函)	线装影印本	13800.00	九州
第二辑第 1 函:六爻断易—撮金·卜易秘诀海底眼	[宋]邵雍撰	200.00	九州
第二辑第 2 函:秘传子平渊源	燕山郑同校辑	280.00	九州
第二辑第 3 函:命理探原	[清]袁树珊撰	280.00	九州
第二辑第 4 函:命理正宗	[明]张楠撰集	180.00	九州
第二辑第 5 函:造化玄钥	庄圆校补	220.00	九州
第二辑第 6 函:命理寻源·子平管见	[清]徐乐吾撰	280.00	九州
第二辑第 7 函:京本风鉴相法	[明]回阳子校辑	380.00	九州
第二辑第 8—9 函:钦定协纪辨方书 8 册	[清]允禄编	780.00	九州
第二辑第 10—11 函:鳌头通书 10 册	[明]熊宗立撰辑	880.00	九州
第二辑第 12—13 函:象吉通书	[清]魏明远撰辑	1080.00	九州
第二辑第 14 函:选择宗镜·选择纪要	[朝鲜]南秉吉撰	360.00	九州
第二辑第 15 函:选择正宗	[清]顾宗秀撰辑	480.00	九州
第二辑第 16 函:仪度六壬选日要诀	[清]张九仪撰	680.00	九州
第二辑第 17 函:葬事择日法	郑同校辑	280.00	九州
第二辑第 18 函:地理不求人	[清]吴明初撰辑	240.00	九州
第二辑第 19 函:地理大成一:山法全书	[清]叶九升撰	680.00	九州
第二辑第 20 函:地理大成二:平阳全书	[清]叶九升撰	360.00	九州
第二辑第 21 函:地理大成三:地理六经注·地理大成四:罗经指南拔雾集·地理大成五:理气四诀	[清]叶九升撰	300.00	九州
第二辑第 22 函:地理录要	[明]蒋大鸿撰	480.00	九州
第二辑第 23 函:地理人子须知	[明]徐善继撰	480.00	九州
第二辑第 24 函:地理四秘全书	[清]尹一勺撰	380.00	九州
第二辑第 25—26 函:地理天机会元	[明]顾陵冈辑	1080.00	九州
第二辑第 27 函:地理正宗	[清]蒋宗城校订	280.00	九州
第二辑第 28 函:全图鲁班经	[明]午荣编	280.00	九州
第二辑第 29 函:秘传水龙经	[明]蒋大鸿撰	480.00	九州
第二辑第 30 函:阳宅集成	[清]姚廷銮纂	480.00	九州
第二辑第 31 函:阴宅集要	[清]姚廷銮纂	240.00	九州
第二辑第 32 函:辰州符咒大全	[清]觉玄子辑	480.00	九州
第二辑第 33 函:三元镇宅灵符秘箓·太上洞玄祛病灵符全书	[明]张宇初编	240.00	九州
第二辑第 34 函:太上混元祈福解灾三部神符	[明]张宇初编	360.00	九州
第二辑第 35 函:测字秘牒·先天易数·冲天易数/马前课	[清]程省撰	360.00	九州
第二辑第 36 函:秘传紫微	古朝鲜抄本	240.00	九州

书　　名	作　者	定　价	版别
子平遗书第1辑(甲子至戊辰,全三册)	精装古本影印	980.00	华龄
子平遗书第2辑(庚午至甲戌,全三册)	精装古本影印	980.00	华龄
子平遗书第3辑(乙亥至戊子,全三册)	精装古本影印	980.00	华龄
子平遗书第4辑(庚寅至庚子,全三册)	精装古本影印	980.00	华龄
子平遗书第5辑(辛丑至癸丑,全三册)	精装古本影印	980.00	华龄
子平遗书第6辑(甲寅至辛酉,全三册)	精装古本影印	980.00	华龄
子部善本1:新刊地理玄珠	精装古本影印	380.00	华龄
子部善本2:参赞玄机地理仙婆集	精装古本影印	380.00	华龄
子部善本3:章仲山地理九种(上下)	精装古本影印	760.00	华龄
子部善本4:八门九星阴阳二遁全本奇门断	精装古本影印	760.00	华龄
子部善本5:六壬统宗大全	精装古本影印	380.00	华龄
子部善本6:太乙统宗宝鉴	精装古本影印	380.00	华龄
子部善本7:重刊星海词林(全五册)	精装古本影印	1900.00	华龄
子部善本8:万历初刻三命通会(上下)	精装古本影印	760.00	华龄
子部善本9:增广沈氏玄空学(上下)	精装古本影印	760.00	华龄
子部善本10:江公择日秘稿	精装古本影印	380.00	华龄
子部善本11:刘氏家藏阐微通书(上下)	精装古本影印	760.00	华龄
子部善本12:影印增补高岛易断(上下)	精装古本影印	760.00	华龄
子部善本13:清刻足本铁板神数	精装古本影印	380.00	华龄
子部善本14:增订天官五星集腋(上下)	精装古本影印	760.00	华龄
子部善本15:太乙奇门六壬兵备统宗(上中下)	精装古本影印	1140.00	华龄
子部善本16:御定景祐奇门大全(上下)	精装古本影印	760.00	华龄
子部善本17:地理四秘全书十二种	精装古本影印	380.00	华龄
子部善本18:全本地理统一全书	精装古本影印	380.00	华龄
风水择吉第一书:辨方(精装)	李明清著	168.00	华龄
珞琭子三命消息赋古注通疏(精装上下)	一明注疏	188.00	华龄
增补高岛易断(简体横排精装上下)	(清)王治本编译	198.00	华龄
飞盘奇门:鸣法体系校释(精装上下)	刘金亮撰	198.00	九州
白话高岛易断(上下)	孙正治孙奥麟译	128.00	九州
润德堂丛书全编1:述卜筮星相学	袁树珊著	38.00	华龄
润德堂丛书全编2:命理探原	袁树珊著	38.00	华龄
润德堂丛书全编3:命谱	袁树珊著	68.00	华龄
润德堂丛书全编4:大六壬探原 养生三要	袁树珊著	38.00	华龄
润德堂丛书全编5:中西相人探原	袁树珊著	38.00	华龄
润德堂丛书全编6:选吉探原 八字万年历	袁树珊著	38.00	华龄
润德堂丛书全编7:中国历代卜人传(上中下)	袁树珊著	168.00	华龄

书　　名	作　　者	定　价	版别
三式汇刊1:大六壬口诀纂	[明]林昌长辑	68.00	华龄
三式汇刊2:大六壬集应钤	[明]黄宾廷撰	198.00	华龄
三式汇刊3:奇门大全秘纂	[清]湖海居士撰	68.00	华龄
三式汇刊4:大六壬总归	[宋]郭子晟撰	58.00	华龄
青囊汇刊1:青囊秘要	[晋]郭璞等撰	48.00	华龄
青囊汇刊2:青囊海角经	[晋]郭璞等撰	48.00	华龄
青囊汇刊3:阳宅十书	[明]王君荣撰	48.00	华龄
青囊汇刊4:秘传水龙经	[明]蒋大鸿撰	68.00	华龄
青囊汇刊5:管氏地理指蒙	[三国]管辂撰	48.00	华龄
青囊汇刊6:地理山洋指迷	[明]周景一撰	32.00	华龄
青囊汇刊7:地学答问	[清]魏清江撰	58.00	华龄
青囊汇刊8:地理铅弹子砂水要诀	[清]张九仪撰	68.00	华龄
子平汇刊1:渊海子平大全	[宋]徐子平撰	48.00	华龄
子平汇刊2:秘本子平真诠	[清]沈孝瞻撰	38.00	华龄
子平汇刊3:命理金鉴	[清]志于道撰	38.00	华龄
子平汇刊4:秘授滴天髓阐微	[清]任铁樵注	48.00	华龄
子平汇刊5:穷通宝鉴评注	[清]徐乐吾注	48.00	华龄
子平汇刊6:神峰通考命理正宗	[明]张楠撰	38.00	华龄
子平汇刊7:新校命理探原	[清]袁树珊撰	48.00	华龄
子平汇刊8:重校绘图袁氏命谱	[清]袁树珊撰	68.00	华龄
子平汇刊9:增广汇校三命通会(全三册)	[明]万民英撰	168.00	华龄
纳甲汇刊1:校正全本增删卜易	郑同点校	68.00	华龄
纳甲汇刊2:校正全本卜筮正宗	郑同点校	48.00	华龄
纳甲汇刊3:校正全本易隐	郑同点校	48.00	华龄
纳甲汇刊4:校正全本易冒	郑同点校	48.00	华龄
纳甲汇刊5:校正全本易林补遗	郑同点校	38.00	华龄
纳甲汇刊6:校正全本卜筮全书	郑同点校	68.00	华龄
古今图书集成术数丛刊:卜筮(全二册)	[清]陈梦雷辑	80.00	华龄
古今图书集成术数丛刊:堪舆(全二册)	[清]陈梦雷辑	120.00	华龄
古今图书集成术数丛刊:相术(全一册)	[清]陈梦雷辑	60.00	华龄
古今图书集成术数丛刊:选择(全一册)	[清]陈梦雷辑	50.00	华龄
古今图书集成术数丛刊:星命(全三册)	[清]陈梦雷辑	180.00	华龄
古今图书集成术数丛刊:术数(全三册)	[清]陈梦雷辑	200.00	华龄
四库全书术数初集(全四册)	郑同点校	200.00	华龄
四库全书术数二集(全三册)	郑同点校	150.00	华龄
四库全书术数三集:钦定协纪辨方书(全二册)	郑同点校	98.00	华龄

书　名	作　者	定　价	版别
增补鳌头通书大全(全三册)	[明]熊宗立撰辑	180.00	华龄
增补象吉备要通书大全(全三册)	[清]魏明远撰辑	180.00	华龄
增广沈氏玄空学	郑同点校	68.00	华龄
地理点穴撼龙经	郑同点校	32.00	华龄
绘图地理人子须知(上下)	郑同点校	78.00	华龄
玉函通秘	郑同点校	48.00	华龄
绘图入地眼全书	郑同点校	28.00	华龄
绘图地理五诀	郑同点校	48.00	华龄
一本书弄懂风水	郑同著	48.00	华龄
风水罗盘全解	傅洪光著	58.00	华龄
堪舆精论	胡一鸣著	29.80	华龄
堪舆的秘密	宝通著	36.00	华龄
中国风水学初探	曾涌哲	58.00	华龄
全息太乙(修订版)	李德润著	68.00	华龄
时空太乙(修订版)	李德润著	68.00	华龄
故宫珍本六壬三书(上下)	张越点校	128.00	华龄
大六壬通解(全三册)	叶飘然著	168.00	华龄
壬占汇选(精抄历代六壬占验汇选)	肖岱宗点校	48.00	华龄
大六壬指南	郑同点校	28.00	华龄
六壬金口诀指玄	郑同点校	28.00	华龄
大六壬寻源编[全三册]	[清]周螭辑录	180.00	华龄
六壬辨疑　毕法案录	郑同点校	32.00	华龄
时空太乙(修订版)	李德润著	68.00	华龄
全息太乙(修订版)	李德润著	68.00	华龄
大六壬断案疏证	刘科乐著	58.00	华龄
六壬时空	刘科乐著	68.00	华龄
御定奇门宝鉴	郑同点校	58.00	华龄
御定奇门阳遁九局	郑同点校	78.00	华龄
御定奇门阴遁九局	郑同点校	78.00	华龄
奇门秘占合编:奇门庐中阐秘·四季开门	[汉]诸葛亮撰	68.00	华龄
奇门探索录	郑同编订	38.00	华龄
奇门遁甲秘笈大全	郑同点校	48.00	华龄
奇门旨归	郑同点校	48.00	华龄
奇门法窍	[清]锡孟樨撰	48.00	华龄
奇门精粹——奇门遁甲典籍大全	郑同点校	68.00	华龄
御定子平	郑同点校	48.00	华龄

书　　名	作　者	定　价	版别
增补星平会海全书	郑同点校	68.00	华龄
五行精纪:命理通考五行渊微	郑同点校	38.00	华龄
绘图三元总录	郑同编校	48.00	华龄
绘图全本玉匣记	郑同编校	32.00	华龄
周易初步:易学基础知识36讲	张绍金著	32.00	华龄
周易与中医养生:医易心法	成铁智著	32.00	华龄
梅花心易阐微	[清]杨体仁撰	48.00	华龄
梅花易数讲义	郑同著	58.00	华龄
白话梅花易数	郑同编著	30.00	华龄
梅花周易数全集	郑同点校	58.00	华龄
一本书读懂易经	郑同著	38.00	华龄
白话易经	郑同编著	38.00	华龄
知易术数学:开启术数之门	赵知易著	48.00	华龄
术数入门——奇门遁甲与京氏易学	王居恭著	48.00	华龄
周易虞氏义笺订(上下)	[清]李翊灼校订	78.00	九州
阴阳五要奇书	[晋]郭璞撰	88.00	九州
壬奇要略(全5册:大六壬集应钤3册,大六壬口诀纂1册,御定奇门秘纂1册)	肖岱宗郑同点校	300.00	九州
周易明义	邸勇强著	73.00	九州
论语明义	邸勇强著	37.00	九州
中国风水史	傅洪光撰	32.00	九州
古本催官篇集注	李佳明校注	48.00	九州
鲁班经讲义	傅洪光著	48.00	九州
天星姓名学	侯景波著	38.00	燕山
解梦书	郑同、傅洪光著	58.00	燕山

周易书斋是国内最大的易学术数类图书邮购服务的专业书店,成立于2001年,现有易学及术数类图书现货6000余种,在海内外易学研究者中有着巨大的影响力。通讯地址:北京市102488信箱58分箱　邮编:102488　王兰梅收。

1、学易斋官方旗舰店网址:xyz888.jd.com　微信号:xyz15652026606

2、联系人:王兰梅　电话:13716780854,15652026606,(010)89360046

3、邮购费用固定,不论册数多少,每次收费7元。

4、银行汇款:户名:**王兰梅**。

邮政:601006359200109796　农行:6228480010308994218

工行:0200299001020728724　建行:1100579980130074603

交行:6222600910053875983　支付宝:13716780854

5、QQ:(周易书斋2)2839202242;QQ群:(周易书斋书友会)140125362。

北京周易书斋敬启